Für alle Genießer und Entdecker dieser Welt.

Für Dich.

Genieße den Nektar,
spüre den Puls.

Tanja & Christian Roos

Glücklich in

München

Der Reiseführer für Genießer und Entdecker.

Süddeutsche Zeitung Edition

Inhalt

1. Willkommen

Herzlich willkommen in München. „Wenn man sich eine Stadt in seinen Träumen ausmalen würde, käme sie München doch schon sehr nah: groß genug für Anonymität, aber klein genug, um sich geborgen zu fühlen. Die Nähe zu den Bergen, rund herum Seen, die wunderschöne Isar, die sich malerisch durch die Auen zieht, Plätze mit Geschichte und eine gewachsene Architektur über ein halbes Jahrtausend." – Bele Muff

Wir freuen uns, die schönsten Orte dieser traumhaften Stadt in diesem Reiseführer mit euch zu teilen.

Hallo!
Schön, dass Du da bist.

München ist eine Stadt mit unheimlich vielen Klischees und Stereotypen. Viele davon sind wahr und sind auch der Grund, warum es hier so lebenswert ist. Die Italiener nennen es Monaco di Bavaria. Darin schwingt die typische italienische, hedonistische Art zu leben mit, die hier in Bayern gepaart wird mit deutschem Leistungsstreben. Es entsteht ein herrlicher Ort zum Leben: coole Coffeeshops und romantische Kaffeehäuser, schicke Weinbars und traditionelle Wirtshäuser, Biergärten im Grünen und internationale Ausstellungen in neuester Architektur, Jazz-Clubs und Elektro-Clubs, unabhängige Galerien und altehrwürdige Museen. Alles findet in einem Rahmen statt, der geprägt wurde von Königen und Regenten, Weltkriegen, Künstlervereinigungen, Studentenrevolten und Schickeria – und natürlich durch die Isar, die Alpen und die zahlreichen Seen im Umland.

München bietet vieles. Das Beste daraus teilen wir hier. Man wird auf seiner Reise nie alles sehen können. Daher fokussieren wir uns auf das Wesentliche und teilen die für uns ungewöhnlichsten und schönsten Orte auf den folgenden Seiten. Zusätzlich befragen wir inspirierende Locals zu ihren Lieblingstipps und lassen sie in unseren Reiseführern zu Wort kommen. Wir nennen sie Local Soulmates. Daraus entsteht eine spannende Mischung aus originellen und authentischen Orten, an denen man die Seele baumeln lassen, den Moment genießen und das Glück in jeder Zelle spüren kann. Ob als Paar, als Familie, mit Freunden oder alleine – für jeden Bedarf gibt es die richtige Adresse. Ganz nach dem Motto: Das Leben ist eine Reise.

In diesem Sinne wünschen wir eine glückliche Zeit.
Genieße den NEKTAR. Spüre den PULS. Diesmal in München.

Herzlichst

Tanja & Christian

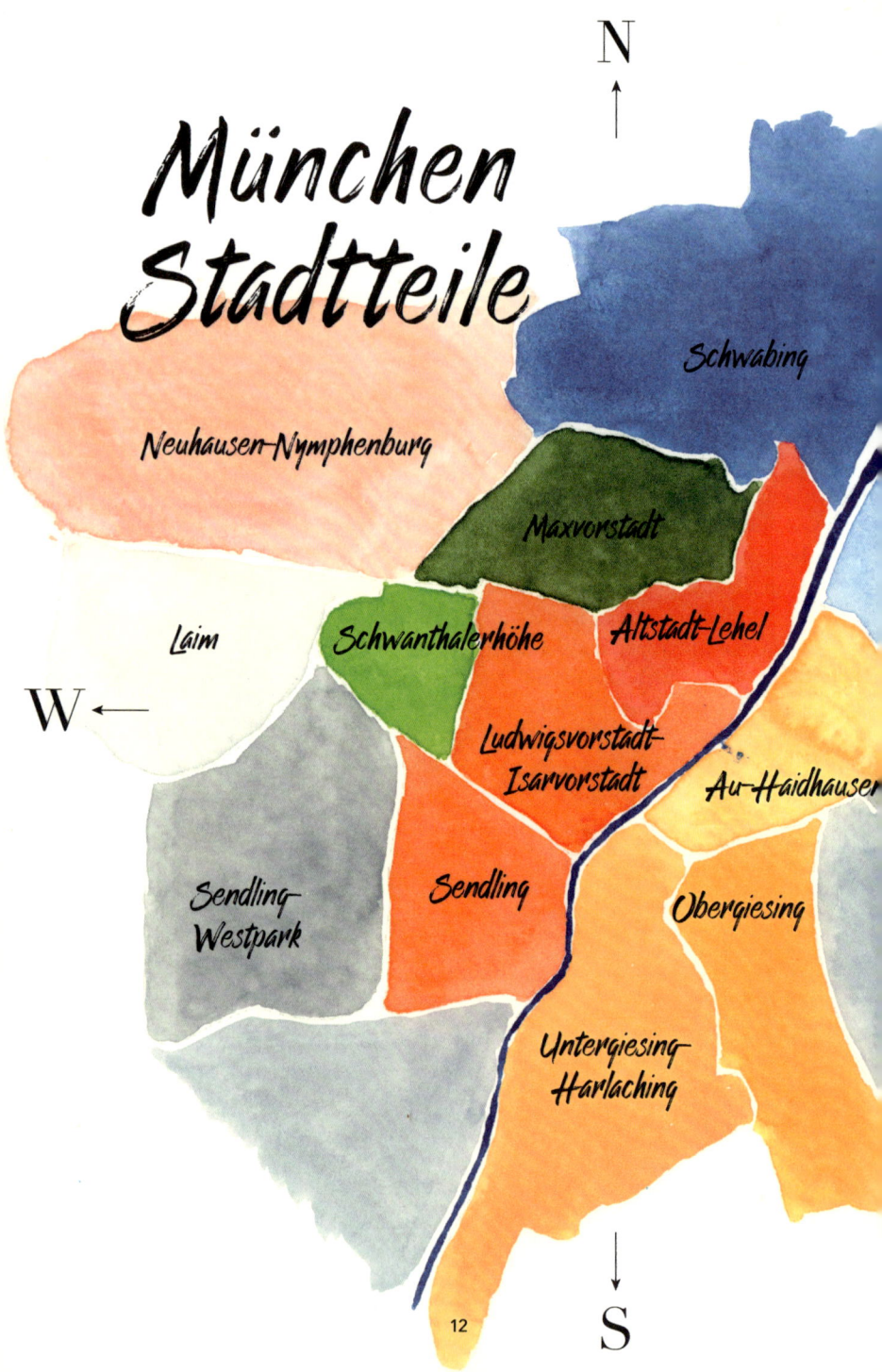

München
Stadtteile

N

Schwabing

Neuhausen-Nymphenburg

Maxvorstadt

Schwanthalerhöhe

Altstadt-Lehel

Laim

W

Ludwigsvorstadt-
Isarvorstadt

Au-Haidhausen

Sendling-
Westpark

Sendling

Obergiesing

Untergiesing-
Harlaching

12

S

FLUGHAFEN MÜNCHEN

Bogenhausen

Berg am Laim

→ O

Ramersdorf-Perlach

Infos zum Guide:

> Im Buch findest du eine große Karte zum Herausnehmen, in der alle Tipps mit Adressen verzeichnet sind.

> Die einzelnen Kategorien und Viertel sind farbig markiert, damit du dich schnell orientieren kannst.

> Die Tipps sind entweder nach Viertel oder nach Thema geordnet.

Damit steht einer glücklichen Zeit in München nichts mehr im Wege.
Schönes Entdecken!

ALTSTADT-LEHEL

In der Altstadt spürt man Münchens Kultur und Geschichte. Der Marienplatz ist geografisches und touristisches Zentrum, von dem aus man unzählige Sehenswürdigkeiten zu Fuß entdecken kann. Nebenan lädt der Viktualienmarkt zum Schlemmen ein, ein Stück weiter die Fünf Höfe zur Einkaufstour und am nördlichen Rand bilden Residenz, Feldherrenhalle und Hofgarten eine imposante Foto-Kulisse. Im Lehel locken die Weiten des Englischen Gartens Spaziergänger und die berühmte Eisbachwelle passionierte Surfer an (zu wirklich jeder Jahreszeit!). Prachtvolle Straßenzüge gibt es hier genauso zu entdecken wie wechselnde Ausstellungen im renommierten Haus der Kunst.

LUDWIGSVORSTADT-ISARVORSTADT / SENDLING

Südwestlich vom Zentrum wimmelt es in der Ludwigsvorstadt nur so vor Geschäftigkeit. In dem kontrastreichen Stadtteil liegen Hauptbahnhof und „Klein-Istanbul" genauso wie die weltberühmte Theresienwiese. Nebenan feiert die Isarvorstadt das bunte Leben: Glockenbach- und Gärtnerplatz-, Dreimühlen- und Schlachthofviertel – hier regieren Multikulti und Toleranz. Die Kneipen- und Clubdichte ist enorm und das facettenreiche Viertel ist eine sichere Wahl für einen geselligen Abend oder eine wilde Partynacht. Leider ist es aber auch stark von zunehmender Gentrifizierung betroffen. In Sendling ist davon noch nicht so viel zu spüren. Vor allem im Sommer zieht es die erholungsbedürftigen Städter in Scharen hierher an den Flaucher, dem Bade- und Grill-Hotspot an der Isar und zum neuen Star des Viertels, auf die Alte Utting.

MAXVORSTADT

Neben Altstadt und Lehel liegt die Maxvorstadt, das architektonisch und kulturell dichteste Viertel. Königsplatz und Siegestor sind bauliche Meilensteine und in den Pinakotheken, zahlreichen Museen und Sammlungen warten wahre Schätze. Gleichzeitig füllen die beiden Universitäten und die Kunstakademie mit ihren internationalen Studentenscharen das Viertel mit echtem Leben. Hier liegt der traditionsreiche Antik-Buchladen neben dem neuen Concept Store und so fühlt sich die Maxvorstadt zugleich intellektuell und inspirierend, aber auch nach zeitgemäßer Vielfalt und Vergnügen an.

SCHWABING / BOGENHAUSEN

Einst eher das Pflaster liberaler Münchner Bohemians, haben sich die Kanten hier inzwischen etwas abgeschliffen. Trotzdem ist Schwabing für viele Münchner nicht nur ein Stadtteil, sondern ein Lebensgefühl. Auf der Leopoldstraße Richtung Münchner Freiheit wird munter geshoppt, getrunken und flaniert, während es sich weiter nördlich wunderbar ruhig und grün wohnt. Noch ruhiger und grüner wird es in Bogenhausen. Ab Prinzregentenstraße und Friedensengel reihen sich zunächst die Nobel-Villen aneinander, doch noch weiter nordöstlich überrascht die Gegend mit modernen Wohnanlagen und weitläufigen Wiesen.

AU-HAIDHAUSEN / GIESING

Im zweiten Weltkrieg fast komplett zerstört, zählt die Au mit bester Lage an den Isarauen heute zu den beliebtesten Wohnvierteln. Unzählige Cafés, Bars und Restaurants unterschiedlichster Couleur findet man hier. Aber auch das bayerische Brauchtum ist lebendig und ganzjährig am Nockherberg und drei Mal im Jahr auf der Auer Dult zu erleben. Darüber schließt sich das sowohl kultivierte als auch gemütliche Haidhausen an. Es ist Familien- und Szenehochburg zugleich. Das Franzosenviertel hat die wohl höchste Restaurantdichte der Stadt und in vielen Geschäften wird verstärkt Wert auf bio, fair und lokal gelegt. Nebenan ist Giesing, der kleine Rebell unter den Münchner Stadtvierteln. Vor allem Untergiesing mausert sich gerade zu einem alternativen Szene-Hot-Spot mit seinen spannenden und lässigen Läden.

SCHWANTHALERHÖHE

Oberhalb der Theresienwiese beginnt das Westend, wie die Gegend rund um die Schwanthalerhöhe weithin genannt wird. Dass das Viertel seit gut 15 Jahren schwer im Kommen ist, ist inzwischen ein beliebter Running Gag unter Münchnern. Tatsächlich tut sich in diesem dicht besiedelten Stadtteil mit Multi-Kulti-Flair aber gerade einiges und immer mehr coole Bars, Restaurants und hippe Shops entdecken die Nachbarschaft für sich.

NEUHAUSEN-NYMPHENBURG

Gehoben und grün wohnt es sich im ruhigen Neuhausen, mit hoher Altbaudichte und in bester Nachbarschaft zum Schloss Nymphenburg mit seiner ausladenden Parklandschaft. Auch im Winter lohnt hier ein Ausflug, wenn sich die Münchner auf dem zugefrorenen Kanal zum Schlittschuhlaufen und Eisstockschießen treffen.

MÜNCHEN IN ZAHLEN

25
Stadtbezirke

N 48° 8' 13"
E 11° 24' 31"

48.136944°, 11.575278°

ANZAHL EINWOHNER

ca. 1,5 MILLIONEN

Einwohner inklusive
Metropolregion **6 Millionen**

München – sicherste
Großstadt in Deutschland

gegründet 1158

„Bussi, Uschi!"

„A bissel was geht immer!" – Monaco Franze

BMW

hat eine eigene
Postleitzahl

80788

bairisch:
Minga

Monaco di Bavaria

Der Name München
leitet sich ab von
„bei den Mönchen"

Durch die Nähe zu
den Alpen die schnee-
reichste Großstadt
Deutschlands.

Kein Gebäude in der Innenstadt darf höher sein als die Frauenkirche

=

100 Meter

Sonnenreichste Großstadt Deutschlands

5,2 Stunden täglich

MÜNCHEN-GRÜNDER HERZOG HEINRICH DER LÖWE HAT EIN 13-JÄHRIGES MÄDCHEN GEHEIRATET

~~~~~~~

Gspusi

– Liebschaft

2016:

5,6 Mio.

Oktoberfest-Besucher pro Jahr (6.1 Mio L. Bier)

1823 wurde die brennende Oper mit Bier gelöscht

SCHNACKSELN

– *Liebe machen*

mit

45%

Deutsche Großstadt mit den meisten Pendlern

Deutsche Meisterschafts-titel des FC Bayern:

28

Die Isar führt bis heute pures Gold in sich, das 1550 noch zu Münzen geprägt wurde.

HERZIBOPPERL

– *verwöhnte Kinder*

2. Glückliche 24 Stunden

Es braucht nicht viel für einen gelungenen Tag. Ein gemütliches Café, ein leckeres Essen, interessante Menschen, eine inspirierende Ausstellung, ergreifende Musik oder ein entspannter Spaziergang … Die folgenden 24 Stunden sind unsere ganz persönlichen Vorlieben für einen glücklichen Tag in den unterschiedlichen Vierteln von München. Tauche ein und lass dich treiben, genieße den Nektar und spüre den Puls. Viel Vergnügen und eine schöne Reise in „unser" Minga. Fast alle Tipps der 24 Stunden finden sich auch in den Rubriken und auf der Karte wieder.

Über glückliches Reisen

Warum eine Reise dein Leben verändern kann. Text: Tanja Roos

München – für manche bist du die schönste Stadt der Welt. Du hast Kunst und Kultur, eine spannende Geschichte, das weltweit größte Volksfest und herzhafte Wirtshäuser. Einen Fluss, der sich durch dich windet und in dem wir baden, surfen und dessen Wasser wir trinken können. Die Berge sind in unmittelbarer Nähe und unzählige malerische Seen zieren dein Umland. Du hast Stil, Tradition, leckere Brezn und hohe Mieten. Du bist weltoffen und gemütlich. Manche finden dich spießig und etwas langweilig, für andere bist du das perfekte Zuhause – verlässlich, loyal und beständig. Ein Ort, der das Gute wahrt, wirtschaftlich stark ist, Veränderungen erst einmal hinterfragt und die Vorzüge zelebriert. Du bist großstädtisch und gleichzeitig dörflich. Du bist nicht ohne Grund Standort zahlreicher Konzerne und der meisten DAX-Unternehmen.

Du warst über sechs Jahre unser Zuhause. Du bist die Stadt, in der Chris und ich uns das erste Mal im Charlie getroffen haben. Unsere ersten Dates hatten wir an der Isar, am Gärtnerplatz, im Rosengarten, am Königsplatz, in der Galerie Farbenladen, im Nage & Sauge, Haus der Kunst und mit selbst mitgebrachten Cocktails am Dianatempel im Hofgarten. Wir sind mit Herzklopfen und Lachen auf dem Fahrrad durch die Straßen gekurvt. Wir haben in der Edelweißstraße in Obergiesing gewohnt, im Standesamt in der Mandelstraße geheiratet, in der Käfer-Schänke gefeiert, haben uns in der Hoftätowiererei unsere Eheringe stechen lassen und uns goldene bei Patrik Muff schmieden lassen. Wir haben unsere ersten beiden Kinder in deinem Schoß bekommen und somit bleibst du für immer ein Herzensplatz voller Emotionen, ein Stückchen Zuhause, ein Wohlfühlort, an den wir immer wieder gerne zurückkommen. In einer sehr turbulenten und teilweise auch schwierigen Zeit warst du unser Auffangbecken nach Jahren des Reisens und Vagabunden-Daseins. Wir haben dich in all den Jahren von sehr unterschiedlichen Seiten kennengelernt: das exklusive und kreative, das traditionelle und naturverbundene, das geheime und versteckte, das moderne und das historische München. Hier hatten wir im Glockenbachviertel unser erstes NECTAR & PULSE-Büro, Chris hat für BMW geforscht und wir haben viele inspirierende Menschen kennengelernt, mit denen wir heute noch befreundet sind. Wir haben uns über die Jahre durch die Stadt gegessen, die besten Restaurants, Hotels und Cafés getestet, waren shoppen, im Theater, in der Oper, bei Konzerten, im Kino und waren ausgiebig feiern – mit Champagner, Wein, Bier und alkoholfrei.

„Obwohl wir die Welt bereisen, um das Schöne zu finden, müssen wir diese doch mit uns tragen, sonst finden wir sie nicht." – Ralph Waldo Emerson

Es hat eine ganz besonders hohe Lebensqualität, nach Feierabend mit Freunden in den Isar-Auen zu grillen oder das gute Wetter in der sonnenreichsten Stadt Deutschlands irgendwo am Wasser zu genießen: sei es am Walchensee, am Tegernsee, am Deininger Weiher oder im Bad Maria Einsiedel. Es ist ein besonderer Luxus, am Freitag die Taschen zu packen und in die Berge zu fahren: im Winter zum Skifahren, Snowboarden oder Langlaufen und im Sommer zur Herzogstandbahn mit dem wunderschönen Bergpanorama, zu einer idyllischen Wanderung mit Übernachtung auf die Tegernseer Hütte, für einen Bieraufguss in der Tegernseer Seesauna oder zur Schlauchbootfahrt von Lenggries auf der Isar. Auch diese kleinen Ausflüge in der Stadt fühlen sich wie Urlaub an: ein Streifzug durch den nördlichen Teil des Englischen Gartens beim Aumeister, ein Spaziergang auf dem Viktualienmarkt, ein ordentliches Weißwurst-Frühstück in der Gaststätte Großmarkthalle, ein Feierabend-Bier am Friedensengel, am Nymphenburger Kanal zum Schloss joggen oder den Nachmittag im Biergarten St. Emmeramsmühle verbringen.

Manchmal hast du uns mit deiner Engstirnigkeit und Behäbigkeit, deiner konservativen Art und deinem stetigen Leistungsstreben aufgeregt, aber meistens haben wir dich über alles geliebt. Minga. Unser Minga.

Glückliche 24 h in der Altstadt

11.30 Uhr

Wir machen eine kleine Pause in *124. Schumann's Tagesbar* und beschauen das Treiben. Danach stöbern wir in der *Lodenfreypassage* bei *208. Theresa* und *207. Mohrmann Basics* und spazieren weiter entlang der *Fünf Höfe* in Richtung *6. Odeonsplatz*. Wer noch Lust auf Kunst hat, der sollte auf jeden Fall die *33. Kunsthalle* besuchen. Ein ausgezeichnetes Mittagsmenü gibt es außerdem im Sterne-Restaurant *56. Schwarzreiter*.

10 Uhr

Wir steigen die engen Stufen im Turm des *Alten Peter* hinauf und genießen den tollen Panoramablick über Minga. Wieder unten angekommen, bummeln wir entlang des Marienplatzes und besuchen die *9. Juristische Bibliothek* im Rathaus. Von hier machen wir einen Abstecher zu den Geschäften in der *Ledererstraße* und gehen weiter zum Affenturm, wo wir uns über seine kuriose Geschichte wundern.

9 Uhr

Wir beginnen den Tag im Herzen Münchens mit einer Brezn bei *183. Karnoll* und einem Cappuccino bei der *153. Kaffeerösterei* auf dem *Viktualienmarkt*.

13 Uhr

Wenn wir Boule-Kugeln dabeihaben, dann spielen wir im *2. Hofgarten* eine Partie. Ansonsten setzten wir uns auf eine der Bänke und lassen die Architektur des Ortes auf uns wirken.

14 Uhr

Wir schlendern durch den *Englischen Garten* zum *1. Haus der Kunst*. Direkt daneben lassen sich von der Brücke die *Eisbachsurfer* bestaunen. Die *141. Goldene Bar* liegt um die Ecke, in der wir uns einen Drink gönnen. Alternativ gehen wir zu *142. Fräulein Grüneis* auf einen Snack.

16 Uhr

Es ist Zeit für Kaffee & Kuchen. Dafür fahren wir zurück zum Viktualienmarkt zum *149. Victorian House* und essen dort Scones mit Clotted Cream und machen noch einen kleinen Ausflug zum *Gärtnerplatz*.

20 Uhr

Abends gehen wir entweder für ein entspanntes, stilvolles Dinner in die tolle Weinbar *57. Grapes* in der Ledererstraße, machen uns mit Freunden einen lustigen Abend im *62. Buffet Kull* oder genießen sympathische Spitzenküche bei *64. Walter & Benjamin*.

23 Uhr

Für Drinks geht es in die High Bar zu *60. Trader Vic's* oder ins *Kismet*.

Glückliche 24 h in der Maxvorstadt

11.30 Uhr

Wir fahren zu den *Pinakotheken* und legen uns dort erst einmal auf die Wiese, um den Tag zu planen. Wir spazieren über dem *Königsplatz* und spielen dort Tischtennis oder besuchen bei schlechterem Wetter das grandiose *16. Lenbachhaus* direkt daneben.

10 Uhr

Es geht direkt in die Stadt zum Frühstücken im hippen *164. Mary's Coffee Club* oder in der *74. Waldmeisterei*. Wenn das Frühstück etwas kürzer ausfallen soll, dann gibt es Cappuccino mit umwerfenden Croissants im *163. Café Morso*. Wer es gern klassisch mag, geht ins *165. Café Jasmin*.

9 Uhr

Ein super Preis-Leistungs-Verhältnis gibt es in der *289. Schwabinger Wahrheit* oder auch in der *286. Ruby Lilly*. Gediegen und luxuriös wird es im *288. Charles*. Das *282. 25hours-Hotel* kommt hingegen cool und sehr lebendig daher.

13 Uhr

Mittagessen gehen wir im *75. Shimai*, für asiatische Küche (direkt daneben liegt die *37. Galerie für Fotografie der Gegenwart*), zum *115. Görreshof* für etwas Deftiges, im *132. Wabi Sabi Shibui* an der Maximilianstraße für Ramen-Suppe oder für Pizza im *100. Italian Shot*.

14 Uhr

Nach dem Lunch spazieren wir über den *18. Alten Nordfriedhof*, bevor wir dann auf dem Weg ins *20. Museum Brandhorst* noch in ein paar Galerien schauen, wie beispielsweise die von *38. Rüdiger Schöttle*. Hier gibt es auch das leckere *193. Ballabeni-Eis*!

16 Uhr

Am Nachmittag erholen wir uns beim Durchstöbern von Büchern und Kaffeetrinken im *167. Lost Weekend*. Wenn wir Lust auf klassisches Ambiente haben, gehen wir ins romanti-sche *Café in der 17. Glyptothek*. Wer Appetit auf etwas Süßes verspürt, geht zum Kuchenessen auf den *Elisabethmarkt* zum *173. Stand 20*.

20 Uhr

Wir lassen uns noch etwas durch das Viertel treiben und gehen zum Abendessen zu *71. Katopazzo* oder zu *76. Sushiya Sansaro*. Am späteren Abend haben wir in der Maxvorstadt eine riesige Auswahl: Drinks in der *253. James T. Hunt* oder Musik in der *254. Minna*. Wer danach noch tanzen gehen will, geht am besten ins *267. MMA*, *266. Bob Beaman* oder in die *268. Rote Sonne*.

Glückliche 24 h in Au-Haidhausen

13.00 Uhr

Mittagessen gibt es auf jeden Fall im *136. Fischhäusl* am *Wiener Platz*. Hier bleiben wir am Maibaum noch auf einen Espresso sitzen. Für Vegetarier empfehlen wir alternativ das *177. IUNU* am Bordeauxplatz.

11 Uhr

Wir gehen nun entweder gemächlich an der Isar spazieren oder bummeln über die entzückende *Preysingstraße* in Richtung *Wiener Platz*, wo wir als erstes im coolen Vintage-Laden *239. Macy* nach neuen Lieblingsstücken stöbern.

9.30 Uhr

Wir übernachten im *Glockenbachviertel* im sympathischen *284. Hotel Olympic* oder im Herzen der Stadt am Viktualienmarkt im *280. Design Hotel Cortiina*. Von dort machen wir uns auf den Weg zum Frühstück im neuen *176. Café Blá* oder zu einer wahren Haidhausener Café Institution, dem *174. Fortuna*.

14 Uhr

Am Nachmittag besuchen wir bei schlechtem Wetter die *25. Villa Stuck* und erleben ehrwürdige lokale Kunstgeschichte. Bei schönem Wetter zieht es uns in den *104. Biergarten am Muffatwerk*, wo wir dann unten am Wehr Baden gehen. Nach dem Schwimmen haben wir Hunger. Wir holen uns ein Stück Pizza bei *101. Pizzesco* und ein Eis bei *195. True & 12*.

18 Uhr

So oder so landen wir zum Sonnenuntergang am *24. Friedensengel*. Wir genießen den Ausblick und einen Aperitivo.

20 Uhr

Zum Dinner gehen wir in die sympathische Weinbar *86. Kim & Co* für einen Backhendl-Salat, in das gemütliche Türkische Restaurant *87. Keko* oder zum super schicken Asiaten *88. MUN*. Wer kreative Sterne-Küche kosten möchte, dem empfehlen wir herzlich den *89. Showroom*.

21 Uhr

Ein Abend in Au-Haidhausen endet natürlich im *53. Prinzregententheater*, bei einem Konzert im *54. Gasteig* oder im Jazzclub *275. Unterfahrt*.

3. Local Soulmates

Eine Destination wird vor allem durch ihre Menschen zu dem, was sie ist. Wir haben hier jene portraitiert, die ihre Heimatstadt ausgezeichnet kennen und großzügig mit dir ihre Lieblingsorte teilen. Sie kommen aus den unterschiedlichsten Bereichen: Sie sind Kulinariker, Genießer, Musiker, Designer, Kulturkenner, Ladeninhaber, Architekten, Filmemacher, Autoren, Hoteliers, Blogger, Lebenskünstler, Kreative, Familien ... Hier erfährst du, warum ihre Heimat in ihren Augen so besonders ist. Mache eine kleine Reise in das Leben und die Welt von inspirierenden Münchnern, die ihre Stadt und das Leben lieben.

„Was uns imponieren soll, muss Charakter haben."
– Goethe

Saskia Diez

SCHMUCKDESIGNERIN
saskia-diez.com · @diezsaskia

Woher kommt deine Leidenschaft für Schmuck und Ästhetik?

Schmuck hab ich schon als Kind liebend gern gebastelt. Dann hab ich diverse Umwege gemacht, die alle wichtig waren. Ich habe zwei Semester in Paris studiert, eine Ausbildung zur Goldschmiedin gemacht und ein Industriedesign-Studium absolviert. Dazwischen bei Christian Haas, Rosenthal AG und Konstantin Grcic gearbeitet, bis ich dann mein eigenes Label begonnen habe.

Was bedeutet München für dich persönlich? Was macht die Stadt für dich so lebenswert?

München ist eine freundliche und gesellige Stadt, in der man aber auch gut für sich sein kann. Man kann in und um München viel unterwegs sein und trotzdem ist es so überschaubar, dass man auch zu Hause bleiben kann, ohne Angst zu haben, enorm viel zu verpassen. Ich kann hier sowohl konzentriert arbeiten als auch mir die Nacht um die Ohren schlagen, wenn ich dazu Lust habe.

Wenn München ein Mensch wäre, wie würdest du ihn beschreiben?

Vielleicht ist München ein bisschen wie ein altes Ehepaar, das in Liebe und Grant verbunden ist. Das manchmal auch ein wenig behäbig und gemütlich ist, eine Reihe von Gewohnheiten und Ritualen pflegt, es sich gerne gut gehen lässt und sich daran erfreut und gerne zeigt, was es so hat.

Welche Restaurants magst du?

Meistens gehe ich in die immer gleichen Restaurants, aber eher, weil ich einfach gern dort hingehe und ich Leute dort kenne, weniger, weil es keine Auswahl gäbe. Das *Schumann's* mag ich natürlich. Das ist ja eigentlich kein richtiges Restaurant, man kann dort aber gut essen. Manchmal wird mir dort von Charles Schumann etwas serviert, von dem er der Meinung ist, dass das jetzt das Richtige für mich ist, denn gefragt hat er nur so etwas wie: „Hast Du Hunger?" Er denkt sich dann immer ein Gericht für mich aus. Das mag ich sehr.

Auch die Terrasse im *Hofgarten* im Sommer ist ein Traum.

Kultur: *Kammerspiele*, *Prinzregententheater*, *Staatsoper*, *Haus der Kunst*, *Südfriedhof*
Restaurants: *Schumanns*, *Haguruma* (Agedashi Tofu), *J-Bar*, *Pepe Nero* (Pizza), *Quattro Tavoli*, *Tushita Teehaus*, *Valley* (Falafel)
Wirtshäuser: *Wirtschaft in der Großmarkthalle*, *Weißes Bräuhaus*, *Spatenhaus*, *Fraunhofer*, *Maximilian*.

München ist ein bisschen wie ein altes Ehepaar, das in Liebe und Grant verbunden ist.

Bars: *Trader Vic's* (Cocktails), *The High Bar*, *Charlie*
Cafés: *Dukatz auf der Klenzestraße* (Croissants, Petit Fours & Macarons wie in Paris)
Shops: *Eataly* in der Schrannenhalle, *Karnoll*, *Verdi*, *Kustermann*
Erholung: Baden bei den Stufen an der *Weideninsel*, *Hamam Anatolia*, *Müller'sches Volksbad*
Mit Kindern: *Deutsches Museum*, *Museum Mensch und Natur*, *Lenbachhaus*, *Haus der Kunst*, *Pinakotheken*, *Spielstadt Mini-München* (alle zwei Jahre, nächstes Mal im Sommer 2020), *Freibad Maria Einsiedl*

>>> Tipp:
den wunderschönen Schmuck von Saskia Diez findest du in der Geyerstraße 20 im Glockenbachviertel.

Was bedeutet Glück für dich?

Ganz einfache Dinge. Meine Arbeit macht mich glücklich. Der Alltag natürlich nicht immer und auch nicht immer der Arbeitsumfang. Ich bin auch nicht immer gerne Chefin, aber die kreativen Phasen in denen ich entwerfe, neue Ideen entwickle und Neues lerne, die machen mich glücklich. Außerdem bringt mich meine Arbeit mit vielen unglaublich tollen Menschen zusammen und lässt mich an wunderbare Orte reisen, zu denen ich einen ganz anderen Zugang bekomme als ein Tourist. Mein anderes großes Glück sind meine Kinder – ihnen dabei zuzusehen, wie sie sich entwickeln und immer wieder auch Teil davon zu sein. Und zuletzt gehören ein paar gute Freunde dazu, die sich über verschiedene Orte verteilen, mit denen ich mich aber sehr verbunden fühle.

GEHT IMMER
Pinakotheken

Lea Rieck

WELTREISENDE AUF DEM MOTORRAD · AUTORIN
got2go.de · @lea_rieck

Woher kommen die Leidenschaft zum Motorradfahren und die Idee zur Weltumrundung?

Ich wollte schon immer länger über Land reisen, um die damit verbundenen Veränderungen von Natur und Kultur zu spüren. Ich wollte wissen, was Grenzen bedeuten und ob sie einen Unterschied machen. Mein Vater hat in den 1970er-Jahren mit seinem Motorrad Australien umrundet – da habe ich mir wohl etwas abgeschaut. Und als ich angefangen habe über die Reise zu grübeln, da dachte ich mir: Wenn ich schon eine lange Reise plane – warum dann nicht gleich um die ganze Welt.

Wie geht deine Reise weiter?

Ich habe mich selbstständig gemacht und ein Buch über meine Weltreise geschrieben (Buchtitel: „Sag dem Abenteuer, ich komme: Wie ich mit dem Motorrad die Welt umrundete und was ich von ihr lernte"). Nun hoffe ich, dass meine Reise mich möglichst bald mit meinem Motorrad nach Afrika führt.

Was bedeutet München für dich?

München ist für mich der Ort, an dem ich mich zu Hause fühle. Ein Ort, an dem sich alles ein bisschen langsamer dreht, weil ich es kenne und hier richtig ankommen kann. München hat eine gewisse Gemütlichkeit. Man hat hier keine Angst irgendwas zu verpassen und nicht das Gefühl, von einer Veranstaltung zur nächsten springen zu müssen. Es ist für mich sehr lebenswert, nicht ständig der städtischen Hektik ausgesetzt zu sein.

Was sind deine persönlichen Lieblingstipps?

Restaurants: *Farmer & Lou*, *Domaines Kilger Weinhäusl*, *Aumeister & Hirschau Biergarten*

Cafés: *Fortuna Cafébar*

Sonstiges: *Nordfriedhof*, *Alter Englischer Garten* am Oberstjägermeisterbach, *Friedensengel*, *Barroom*

Was sind die schönsten Motorradstrecken in und um München?

Ich fahre sehr gerne über Icking nach Ammerland am Starnberger See – und kehre dort beim *Fischmeister* (Bierbichler) in Münsing ein. Eine der schönsten Straßen im Münchner Umland ist zudem die *Mautstraße* am Sylvensteinspeicher. Sie führt immer entlang der Isar zwischen Wallgau und Vorderriß. Die Orte eignen sich auch für einen Tagesausflug mit Wanderung!

Es ist für mich sehr lebenswert, nicht ständig der städtischen Hektik ausgesetzt zu sein.

Gottfried Wallisch

GASTRONOM UND KOCH
broeding.de · @restaurant_broeding

Wo kommst du ursprünglich her und was schätzt du an deiner Heimat München?

Ich wurde 1964 in München geboren und wuchs auf einem Bauerndorf auf. Mitte der 80er bin ich dann nach München gezogen. Aktuell lebe ich mit meiner Frau und meinen beiden Kindern in Schwabing direkt am Englischen Garten. Wir leben im Grünen und sind gleichzeitig umgeben von der schönen Genusswelt der Großstadt – der *Viktualienmarkt* ist mit dem Fahrrad nur zehn Minuten entfernt. München bietet eben sowohl das großstädtische Flair als auch die provinziellen, natürlichen Momente in den Bergen, in Italien oder in Österreich.

Wie bist du zur Gastronomie gekommen?

Am Anfang ist hier meine Oma als großartige Köchin zu nennen. Sie hat trotz aller notwendigen Sparsamkeit immer lustvolle, familiäre Zusammenkünfte organisiert – der Sonntagsbraten ist unvergesslich. Ich war immer ein geselliger Mensch und mochte es, mit Menschen zu feiern und zusammen zu sein. Das vermittelt mir ein Gefühl von Geborgenheit, vielleicht sogar ein Stück Heimat. Das hat sich dann wie ein roter Faden durch mein Leben gezogen. Meine ersten Schritte habe ich im *Fischmeister* am Starnberger See unternommen. Ich habe nie eine klassische Koch-Ausbildung gemacht, stattdessen habe ich als Autodidakt all mein Verdientes und Erspartes in Essen, Trinken und Literatur gesteckt. Ich habe so die Gastronomie von ihrer lustvollen Seite erlernen dürfen.

Nach 30 Jahren Gastronomie: Was ist deine Passion? Was treibt dich an?

Wir möchten einen Beitrag leisten, indem wir als Gastronomen einen Teil der uns betreffenden Gesellschaft mitgestalten. Das betrifft insbesondere die Auseinandersetzung mit den verwendeten Produkten, den Produzenten und die Herstellungsprozesse. Auch der Umgang mit Menschen ist mir dabei ein Antrieb. Dies gilt sowohl für die Verbindlichkeit und Ehrlichkeit im Umgang mit Gästen als auch mit meinem Personal. Vielleicht ist das auch der Grund, warum wir personell nahezu keinen Wechsel haben. 2018 hat uns erstmals ein wichtiger Kollege nach 14 Jahren aus gesundheitlichen Gründen verlassen.

Foto: links Manuel Reheis, rechts Gottfried Wallisch

Seit 25 Jahren sind wir verlässliche und vertraute Geschäftspartner, das ist wie ein Sechser im Lotto!

Was ist das Erfolgsrezept für die Küche im Broeding? Und warum Fine Dining und kein Wirtshaus?

Das Erfolgsrezept besteht in der natürlichen Weiterentwicklung unseres Restaurants. Im Broeding war die Zielsetzung von Anfang an, das Produkt und den Produzenten in den Mittelpunkt zu stellen und den Gast als mündigen Gast zu begreifen. Fine Dining ist uns in diesem Prozess eher „passiert". Es war nie unser Ziel, doch weil gute nachhaltige Produkte auch höhere Preise verlangen, hat es sich so ergeben. Nie stand für uns das Streben nach Punkten und Hauben im Vordergrund, wir sind stattdessen immer gern ein Geheimtipp gewesen. Wenn die Anerkennung von außen dazukommt, freuen wir uns natürlich. Andererseits sind Ruhm und Anerkennung sehr trügerisch, denn die Fähigkeit zur Selbstkritik ist elementar für unser Handwerk.

Neben diesem Aspekt ist die Gastfreundschaft ein wichtiger Teil im *Broeding* und diese Qualität ist die wohl wichtigste Eigenschaft eines guten Wirtshauses. Ein zentrales Erlebnis für mein Verständnis von Gastfreundschaft war folgendes: Ich kam von einer Wanderung im Elsass am späten Mittag im Gourmet-Restaurant *Haeberlin* vorbei. Ich wollte nur die Speisekarte anschauen und wurde in meinen sichtlich benutzten Wanderklamotten direkt und herzlich vom damaligen Sommelier-Weltmeister Serge Dubs empfangen. Er musterte mich nicht abschätzig, sondern fragte in der Küche, ob noch etwas ginge, um uns anschließend zu umsorgen, als wären wir die ältesten Stammgäste. Das werde ich ihm nie vergessen und das Erbe dieser Geschichte trage ich weiter.

Was sind deine persönlichen Lieblingstipps für München?

Essen & Trinken: *Walter & Benjamin, Occam Deli, Grapes Weinbar, Shimai, Bar Gabanyi, Shababa Imbiss, Poseidon am Viktualienmarkt, Goldene Bar im Haus der Kunst, Vini e Panini* zu Mittag

Lieblingsorte: *Olympiastadion und -park*, Radtour an der Isar nach *Fröttmaning, Chiemsee* (Baden in *Rimsting/Westernach* bei Prien), Wandern und Radfahren am *Samerberg* (Essen in der *Alpenrose* in Grainbach), *Erl* in Österreich (Theater und Festspiele, Restaurant *Blaue Quelle*), *Unterammergau* (Inszenierungen von Christian Stückl auch außerhalb der Festspielzeit, Restaurant *Dorfwirt*), *Volkstheater, Hypo Kunsthalle*

Einkaufen: *Viktualienmarkt* (Gemüse bei Markus Weyel, Fleisch bei Herrmansdorfer, Käse im Tölzer Kasladen), *Elisabethmarkt* (Gemüse bei Karl Huzcala, Käse bei Hieber, Fleisch bei Hermannsdorfer)

Wir möchten einen Beitrag leisten, indem wir als Gastronomen einen Teil der uns betreffenden Gesellschaft mitgestalten.

Patrik & Bele Muff

SCHMUCKDESIGNER UND EHEPAAR
patrikmuff.com · @atelierpatrikmuff

Wie habt ihr euch kennengelernt und wie ist euer Werdegang?

Patrik ist gebürtiger Schweizer, machte früh seine Goldschmiedelehre und studierte Kunst in Köln. Dort finanzierte er sein Studium mit einer Kneipe. Er kam vor nun 20 Jahren nach München, wo wir uns über einen gemeinsamen Freund kennenlernten. Ich wurde schnell schwanger und verbrachte die Schwangerschaft in Patriks Goldschmiedeatelier, wo ich anfing Ordnung ins Chaos zu bringen, Schmuckmodelle zu fotografieren und kleine Aussendungen zu gestalten. Auch die Idee einer Porzellanschmuck-Kollektion mit der *Manufaktur Nymphenburg* ist da entstanden. Ein Jahr später eröffneten wir den ersten Laden am *Viktualienmarkt*. Vor fünf Jahren sind wir in die Ledererstraße umgezogen. Eine Ur-Münchner Straße mit ausschließlich inhabergeführten Geschäften.

Welchen Tipp habt ihr, um als Paar gemeinsam erfolgreich zu arbeiten?

Begeisterung für die gleiche Sache, Respekt vor der Meinung des anderen, klare Verteilung der Kompetenzen und vor allem sehr viel Gelassenheit!

Was macht München für euch so lebenswert?

Wenn man sich eine Stadt in seinen Träumen ausmalen würde, käme sie München doch schon sehr nah: groß genug für Anonymität, aber klein genug, um sich geborgen zu fühlen. Die Nähe zu den Bergen, rund herum Seen, die wunderschöne *Isar*, die sich malerisch durch die Auen zieht, Plätze mit Geschichte und eine gewachsene Architektur über ein halbes Jahrtausend.

Wer wäre München als Mensch?

Ein grantiger Bayer auf High Heels.

Was sind eure persönlichen Lieblingstipps?

Natürlich unser Laden in der Ledererstraße 10 und der Viktualienmarkt nebenan!
Restaurants: *Kuntuk*, *Cochinchina*, *Pizzeria Ciao Ragazzi*, *Trader Vic's*
Cafés: *Café Luitpold*, *Bar Centrale*, *Vorhölzer Forum / TU*, *Goldene Bar*
Shops: *Falkenberg*, *Haltbar*, *Gross*, *Stein 11*, *Atelier Ayzit Bostan*
Ausflüge: Schlauchbootfahrt in der *Pupplinger Au*, *Antikmarkt in Keferloh* (jeden ersten Sonntag im Monat), *Hermannsdorf bei Glonn*, *Meisinger See*.

Wenn man sich eine Stadt in seinen Träumen ausmalen würde, käme sie München schon sehr nah.

Rahmée Wetterich

DIRNDL-DESIGNERIN
nohnee.com · @noh_nee

Woher kam die Idee außergewöhnliche Dirndl zu machen?

Meine Schwester Marie und ich stammen aus einer kreativen Schneider- und Musikerfamilie. Unsere Mutter war Schneiderin in Kamerun und hat dort sogar für Ministergattinnen genäht. Als Kinder spielten wir im Atelier unserer Mutter, umgeben von Stoffen und Kundinnen. So wie es auch heute noch in der afrikanischen Kultur üblich ist, war es für uns selbstverständlich, maßgeschneiderte Kleidung zu tragen.

Viele Jahre nachdem wir nach Deutschland gezogen sind, hat meine Schwester auf einer Reise in unsere afrikanische Heimat die Bedeutung ihrer Wurzeln wiederentdeckt. Zurück in Deutschland, steckte sie mich mit ihrer Begeisterung an und wir gründeten NOH NEE als Label, welches die beiden Welten miteinander verbindet. NOH NEE bedeutet „Geschenk Gottes" auf Suaheli.

Was macht München für dich besonders und welches ist dein Lieblingsviertel?

Nach mehr als 40 Jahren ist München für mich auch Heimat geworden. München hat eine perfekte Lage: ein schneller Ausflug in die Natur (die Berge und die Seen) oder ein kulturelles Erlebnis – alles in Reichweite. Das macht die Stadt für mich lebenswert.

Meinen Showroom habe ich schon seit fünf Jahren im schönen *Glockenbachviertel*. Den Zusammenhalt mit meinen Nachbarn, wie das *Olympic Hotel* oder das *Café Nil* ums Eck', schätze ich sehr. Im Glockenbackviertel „menschelt" es angenehm.

Was sind deine persönlichen Lieblingstipps?

Kultur: *Lesebühne im Vereinsheim, Nymphenburger Schlosspark, GOP Varieté-Theater, Juristische Bibliothek im Rathaus, Lenbachhaus*
Restaurants & Cafés: *Vini e Panini, Manufaktum*
Bars: *Milla Club*
Ausflüge: *Rosengarten*

Gibt es eine Münchner Persönlichkeit, die ihr besonders schätzt?

Guter Humor inspiriert! Daher schätze ich Loriot, Liesel Karlstadt, Karl Valentin und Gerhard Polt.

Was bedeutet Glück für euch? Was macht euch glücklich?

Das Glück mit anderen zu teilen, macht mich glücklich!

Das Glück mit anderen zu teilen,
macht mich glücklich.

Susi & Yasar Ceviker

INHABER VON A KIND OF GUISE
akindofguise.com · @akindofguise

Wie war euer Werdegang hin zu eurem Label „A Kind of Guise"?
2009 haben wir uns während des Studiums kennengelernt. Bald schon realisierten wir erste Projekte gemeinsam. Begonnen haben wir mit einer kleinen Taschenkollektion, wofür wir das Leder in Italien in einer Medizinball-Manufaktur eingekauft haben. Genäht wurden sie dann in Yasars WG-Zimmer. Über die Jahre hinweg haben wir uns diverse Produktionsstätten aufgebaut und arbeiten mittlerweile mit 18 unterschiedlichen Manufakturen in Deutschland zusammen. Die Idee war von Anfang an, so lokal wie möglich zu produzieren. Bis zum heutigen Tage werden all unsere Produkte komplett in Deutschland gefertigt. Unser gesamtes Team umfasst mittlerweile 18 Leute.

Was macht München für euch so lebenswert?
Das gute Essen, die Nähe zur Natur und die dadurch verbundene hohe Lebensqualität haben München vor zehn Jahren zu unserer neuen Heimat werden lassen. Außerdem hat München die optimale Größe und liegt damit irgendwo zwischen einem großen Dorf und einer kleinen Metropole. Es entschleunigt den Alltag, wenn man alles bequem mit dem Fahrrad erreichen kann.

Was empfehlt ihr für einen ersten Besuch in München?
Ein Muss sind auf jeden Fall der *Viktualienmarkt*, der alte *Englische Garten* im Norden mit dem *Oberjägermeisterbach* und die *Isarauen*. Um so weiter man an der Isar Richtung Süden fährt, desto schöner und ruhiger wird es. Der Weg lohnt sich, wenn man plötzlich alleine an einem kleinen, weißen Kiesstrand am Wasser liegt.

Was sind eure Lieblingsorte in München?
Restaurants: *Ruffini*, *Bar Centrale*
Cafés: *Waldmeister*
Ausflüge: *Murnauer Moos* im blauen Land (Rundweg von der Ramsachkirche, Gasthof Ähndl), *Nymphenburger Kanal* und *Schlosspark*, *Wochenmarkt am St.-Anna-Platz* im Lehel (donnerstags)
Mit den Kids: *Brauseschwein*
Mit dem Hund: *Maximilianpark* und der *Goldfischteich am Friedensengel*

*Die Idee war von Anfang an,
so lokal wie möglich zu produzieren.*

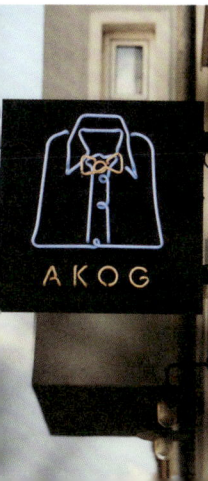

Sinah Diepold

YOGALEHRERIN · YOGA-STUDIO INHABERIN
kaleandcake.de · @sinahdiepold

Wo kommst du her und wie war dein Werdegang?

Ich bin eine waschechte Münchnerin und habe hier nach der Schule Sportwissenschaft an der TU studiert. Parallel dazu habe ich mit der Tanzausbildung an der Iwanson International angefangen und bin zum Training nach New York gegangen. Nun bin ich seit fünf Jahren zurück und seitdem unterrichtete ich vor allem Yoga und Ballet Barre in meinem kleinen Studio, dem *Kale & Cake*. Yoga habe ich nach und nach für micht entdeckt und wurde zu meiner großen Liebe und meiner Lebensphilosophie. Kommt gerne vorbei!

Was macht München für dich so lebenswert?

Es ist diese schöne Mischung aus Dorf und Großstadt. Egal wo du spazieren gehst oder wen du triffst, man kennt jemanden und läuft sich zufällig über den Weg. Ähnlich wie auf dem Dorf ist man auch mit einem Sprung in der Natur und hat ein tolles Sportangebot mit vielen eindrucksvollen Orten in den Bergen. Gleichzeitig bietet die Stadt ein spannendes kulturelles Angebot mit Konzerten, Ausstellungen und Festivals.

Welches ist dein Lieblingsviertel und was sind deine Lieblingstipps?

Ich habe längere Zeit in der Maxvorstadt gewohnt und liebe dort die vielen Cafés, die kleinen persönlichen Läden und die tollen Museen. Wenn ich nicht zum Schwimmen an die *Isar* will, dann leg ich mich einfach auf den Rasen vor der *Pinakothek* und hole mir einen Kaffee und Banana Bread vom *Daddy Longlegs*.

Restaurants: *Picnic/Deli Dosa*, *Benko*, *Chi Thu*

Cafés: *Joon*, *Aroma*

Shops: *Ohne Supermarkt*, *Dear Goods*, *Yoga Corner*

Yoga: mein eigenes Studio *Kale & Cake* direkt bei der *Eisbachwelle*

Radtour mit folgenden Stopps: *Reichenbachbrücke–Gärtnerplatz–Südfriedhof–Hofgarten–Drückebergergasse–Feldherrnhalle–Oper–Surferwelle–Englischer Garten–Milchhäusl–Maxvorstadt*

Was macht dich glücklich?

Die Möglichkeit zu haben, genau das Leben zu führen, welches ich mir von Herzen wünsche. Dafür sind Freiheit und Sicherheit, wie wir sie hier in München haben, essentiell und niemals selbstverständlich.

*Es ist diese schöne Mischung,
aus Dorf und Großstadt.*

4. Kultur

Durch Maximilian I. wurde 1808 in München die Akademie der Bildenden Künste gegründet und 1826 verlegte König Ludwig I. die Ludwig-Maximilian-Universität von Landshut nach München. Damit wurde ein neues Kapitel in der kulturellen Entwicklung Münchens aufgeschlagen. Leo von Klenze und Friedrich von Gärtner planten imposante Gebäude wie die Residenz, den Königsplatz mit der Glyptothek, das Siegestor, die Feldherrnhalle und die Alte Pinakothek. Orte, die das heutige Stadtbild genauso prägen wie die Frauenkirche von 1494. Zur gleichen Zeit lehrten Maler wie Franz von Stuck und Bildhauer Ludwig Schwanthaler an der Akademie und legten den Grundstein für die entstehende Kunststadt München, die Maler wie Paul Klee, Franz Marc und Wassily Kandinsky zu ihrem Zuhause machten. Das heutige München steht mit dem vielfältigen Kulturangebot in dieser Tradition: unabhängige Galerien und moderne Museen, große Theater und kleine Bühnen, moderne Architektur und berührende Mahnmale der deutschen Geschichte. Wir zeigen euch auf den folgenden Seiten unsere Lieblingstipps dieser reichen Kulturwelt!

ZENTRUM

1. Haus der Kunst
ALTSTADT, Prinzregentenstraße 1,
hausderkunst.de

2. Hofgarten
ALTSTADT, Hofgartenstraße 1

3. Sammlung Schack
ALTSTADT, Prinzregentenstraße 9,
pinakothek.de

4. Ägyptisches Museum
ALTSTADT, Gabelsbergerstraße 35,
smaek.de

5. Eisbachsurfer
ALTSTADT, Prinzregentenstraße 1

6. Odeonsplatz
ALTSTADT, Odeonsplatz 1

7. Frauenkirche
ALTSTADT, Frauenplatz 12,
muenchner-dom.de

8. Affenturm
ALTSTADT, Alter Hof 2

9. Juristische Bibliothek
ALTSTADT, Marienplatz 8,
muenchner-stadtbibliothek.de

10. Peterskirche
ALTSTADT, Rindermarkt 1

11. Assam Kirche
ALTSTADT, Sendlinger Straße 32

12. Jüdisches Museum
ALTSTADT, St.-Jakobs-Platz 16,
juedisches-museum-muenchen.de

13. Alter Südfriedhof
LUDWIGSVORSTADT-ISARVORSTADT,
Thalkirchner Str. 17

MAXVORSTADT

14. Alte Pinakothek
MAXVORSTADT,
Barer Straße 27, pinakothek.de

15. Pinakothek der Moderne
MAXVORSTADT,
Barer Straße 40, pinakothek.de

16. Lenbachhaus
MAXVORSTADT,
Luisenstraße 33, lenbachhaus.c

17. Königsplatz, Glyptothek
MAXVORSTADT, Königsplatz
antike-am-koenigsplatz.mwn.c

18. Alter Nordfriedhof
MAXVORSTADT, Arcisstraße

19. Wunden der Erinnerur
MAXVORSTADT,
Ludwigstraße / Schellingstraße

20. Brandhorst
MAXVORSTADT,
Theresienstraße 35
museum-brandhorst.de

SCHWABING

21. Allianz Arena
CHWABING, *Werner-Heisen-erg-Allee 25, allianz-arena.de*

22. BMW-Welt
SCHWABING, *BMW Welt*

23. Olympiaberg
CHWABING, *Martin-Luther-King-Weg, olympiapark.de*

OSTEN

24. Friedensengel
BOGENHAUSEN, *Prinzregentenstraße*

25. Villa Stuck
BOGENHAUSEN, *Prinzregenten-straße 60, villastuck.de*

26. Galopprennbahn
BOGENHAUSEN, *Graf-Lehndorff-Straße 36, galoppmuenchen.de*

27. Maximilianeum
AU-HAIDHAUSEN, *Max-Planck-Straße 1, maximilianeum.de*

28. Müller'sches Volksbad
AU-HAIDHAUSEN, *Rosenheimer Straße 1, swm.de*

WESTEN

29. Endlose Treppe
SCHWANTHALERHÖHE, *Ganghoferstraße 29A*

30. Bavaria Statue
SCHWANTHALERHÖHE, *Theresienhöhe 16*

31. Schlosspark Nymphenburg
NYMPHENBURG NEUHAUSEN, *Schloß Nymphenburg 1, schloss-nymphenburg.de*

6. ODEONSPLATZ

ALTSTADT • Odeonsplatz 1

Am Odeonsplatz konzentriert sich die Geschichte Münchens an einem Fleck. Der Odeonsplatz streckt sich bis vor die Feldherrnhalle (erbaut 1844, von Friedrich von Gärtner im Auftrag von König Ludwig I.) und wird dort eindrucksvoll von der Theatinerkirche (geweiht 1675) und vom Hofgarten der Residenz (erste Bebauung durch die Burg Neue Veste aus dem Jahr 1385) begrenzt. Er war gedacht als Übergang von der historischen Altstadt zur damals neuen Prachtstraße (Maximilianstraße). Unser Tipp: Auf jeden Fall hinter der Feldherrenhalle durch die „Drückebergergasse" und dann durch den Hofgarten entlang des Schlosses bis zum Haus der Kunst und zur Eisbachwelle spazieren.

13. ALTER SÜDFRIEDHOF

LUDWIGSVORSTADT-ISARVORSTADT
Thalkirchner Str. 17

An wenigen Orten wird der Charme und die Geschichte Münchens so deutlich wie auf dem über 450 Jahre alten Südfriedhof. Die bekannten Persönlichkeiten, die hier begraben liegen, prägen durch ihr damaliges Wirken noch heute das Stadtbild: Josef von Fraunhofer, Leo von Klenze, Friedrich von Gärtner oder Josef Pschorr. Unterhaltsam und bezeichnend sind zudem die Berufsbezeichnungen: „Ehemaliger Pappdeckelfabrikant", „Lohnkutscher", „Tresorfabrikant" oder „Brauer".

14. ALTE PINAKOTHEK

MAXVORSTADT • Barer Str. 27 • pinakothek.de

Die alte Pinakothek wurde 1836 eröffnet und ist gewissermaßen die Grand Dame der Münchner Museen. Hinsichtlich der Dauerausstellungen sind die Impressionisten der Neuen Pinakothek (mit Bildern von Cézanne, Manet und Monet) unser absoluter Liebling. Doch das Gebäude der Neuen Pinakothek wird renoviert und die Ausstellungen ziehen bis 2025 in die Alte Pinakothek und die Sammlung Schack. Ein Glück, so gibt es also die schönste Ausstellung im ehrwürdigen Gebäude der Alten Pinakothek.

16. LENBACHHAUS

MAXVORSTADT • Luisenstraße 33
lenbachhaus.de

Das Lenbachhaus mit dem Neubau der Architekten Foster + Partner und die darin enthaltene Städtische Galerie sind in vielerlei Hinsicht ein aufregendes Highlight bei einem München-Besuch. Architektonisch beeindruckt die Kombination der historischen Villa des Malers Lenbach aus dem 19. Jh. mit dem modernen goldenen Kubus. Das Museum beinhaltet unter anderem die unvergessliche Themensammlung „Der Blaue Reiter" mit Gemälden von Kandinsky, Marc und Klee.

17.

17.

17. KÖNIGSPLATZ, GLYPTOTHEK

MAXVORSTADT • *Königsplatz 3*
antike-am-koenigsplatz.mwn.de

Der Königsplatz ist ein historischer Ort der Gegenwart. Hier spürt man förmlich die verschiedenen Ären, die dieser Ort durchlaufen hat und kann gleichzeitig das Jetzt bei einem Picknick genießen oder auf den Stufen der Glyptothek bei einem Augustiner plaudern und Tischtennis spielen. Die ursprüngliche Konzeption zu Beginn des 19. Jh. stammt von Karl von Fischer im Auftrag von König Ludwig I. und wurde anschließend durch Leo von Klenze weiterentwickelt. In der Zeit des Nationalsozialismus wurde am östlichen Ende der Führerbau errichtet. Das Gebäude beherbergt heute die Hochschule für Musik und Theater. Regelmäßig erklingt klassische Musik aus den offenen Fenstern. Ein kurzer Blick ins Innere lohnt sich.

19. WUNDEN DER ERINNERUNG

MAXVORSTADT
Ludwigstraße Ecke Schellingstr.

Das Projekt „Wunder der Erinnerung" der Künstler Passow und Weizsäcker weist eindrucksvoll auf Zeugnisse des Zweiten Weltkriegs hin. Wir sind so oft an dieser Ecke an der U-Bahnstation Universität vorbeigegangen und jedes Mal erneut staunen wir über die Einschusslöcher in der roten Backsteinwand, die im krassen Kontrast zum ge-

wöhnlichen, bunten und geschäftigen Treiben an dieser Ecke stehen. Sehr beachtenswert.

23. OLYMPIABERG

SCHWABING • *Martin-Luther-King-Weg*
olympiapark.de

Der Besuch des Olympiabergs ist ein wunderbarer Kulturausflug in München. Man hat von hier oben einen herrlichen Blick auf das Olympiastadion (erbaut für die Olympischen Spiele 1972, entworfen durch das Architekturbüro Behnisch & Partner), den Vierzylinderbau von BMW (fertiggestellt ebenfalls 1972, entworfen von Karl Schwanzer) und natürlich über die roten Dächer vom klein erscheinenden „Dorf" München. Man sollte sich bewusst machen, dass es sich bei diesem „Berg" um eine künstliche Erhöhung aus den Trümmern in Folge der Zerstörung durch den Zweiten Weltkrieg handelt (Schuttberg). Im Sommer lässt es sich hier zudem ausgezeichnet Picknicken und den Konzerten im Stadion lauschen.

24

24. FRIEDENSENGEL

BOGENHAUSEN • Prinzregentenstraße

Das Friedensdenkmal steht auf der Prinzregent-Luitpold-Terrasse. Dieser Ort hat für uns und viele andere eine besondere Energie. Das Denkmal wurde zum 25-jährigen Jubiläum des Friedensschlusses nach dem Deutsch-Französischen Krieg von 1870 bis 1871 erbaut. Hier lassen sich herrliche Sonnenuntergänge mit Blick auf die herrschaftliche Prinzregentenstraße erleben. Unser Tipp: Unbedingt eine Flasche Rosé oder alternativ eine Flasche Münchner Inge (Ingwerlimonade) mitnehmen.

43. LOTHRINGER13

AU-HAIDHAUSEN • Lothringer Str. 13
lothringer13.de

München hat eine großartige und vielfältige Kunstszene, die neben den bekannten Häusern auch kleine persönliche Galerien und versteckte unabhängige Räumlichkeiten bietet. Die Lothringer13 gehört zu Letzteren und zeigt internationale Gegenwartskunst mit wechselnden Ausstellungen. Der Ausflug hierher lässt sich mit einem Nachmittag in Haidhausen verbinden. Unser Tipp: vorher Mittagessen im Fischhäusl und hinterher Süßes im Fortuna Café oder die wunderschöne Preysingstraße beim Üblacker Häusl entlangspazieren.

Englischer Garten

1789 machte Kurfürst Karl Theodor das Gebiet des heutigen Englischen Gartens öffentlich zugänglich und deklarierte es als Volkspark. Heute hat der Park jährlich etwa 3,5 Millionen Besucher. Am beliebtesten ist der Teil nahe der Altstadt am Monopteros, der im Sommer durch die vielen Besucher einem Festival ähnelt. Wir gehen gern zum Café im Kiosk, holen uns dort eine Brotzeit und gehen von dort in den Teil südlich des Kleinhesseloher Sees.

Am liebsten sind wir jedoch im Alten Englischen Garten im hohen Norden am Oberstjägermeisterbach. Hier findet man völlige Abgeschiedenheit und kleine Strände zum Schwimmen. Unser Tipp: entweder mit dem Fahrrad fahren oder das Auto beim Aumeister Wirtshaus parken und zu Fuß ins Grüne spazieren.

Im Sommer empfehlen wir das Münchner Sommertheater (*muenchner-sommertheater.de*) im Amphitheater.

Viktualienmarkt

Der Viktualienmarkt entstand im Jahre 1807, als auf Geheiß von König Maximilian I. der zentrale Markt vom Schrannenplatz (heute Marienplatz) dorthin verlegt wurde. Er wurde zum Herzen der Münchner Innenstadt und steht sinnbildlich für das genussvolle und lebenswerte Sein in der bayerischen Hauptstadt. Bereits 1853 entstand auch die Schrannenhalle als damalige Getreidehalle (erbaut von Karl Muffat), in der sich heute das Feinkostgeschäft Eataly befindet.

Unsere Lieblingsgeschäfte auf dem Viktualienmarkt sind Fisch Witte oder Poseidon zum Mittagessen (für Vegetarier Caspar Plautz). Den besten Kaffee gibt es bei der Kaffeerösterei und wir persönlich essen unsere Leberkässemmel oder Schweinebraten-Semmel beim Schlemmermeyer Imbiss am Elise Aulinger Brunnen. Unser Soulmate Gottfried empfiehlt zudem den Tölzer Kasladen und die Fleischerei Hermannsdorfer. Viel Vergnügen beim Entdecken!

Kunst

32.

38. RÜDIGER SCHÖTTLE

MAXVORSTADT • *Amalienstraße 41*
galerie-ruediger-schoettle.de

39. SABINE KNUST

MAXVORSTADT • *Ludwigstraße 7*
knustkunzbooks.com

40. BNKR

SCHWABING • *Ungererstraße 158* • *bnkr.space*

41. SAMMLUNG GOETZ

BOGENHAUSEN • *Oberföhringer Str. 103*
sammlung-goetz.de

42. SPERLING

AU-HAIDHAUSEN • *Regerplatz 9*
sperling-munich.com

43. LOTHRINGER13

AU-HAIDHAUSEN • *Lothringer Straße 13*
lothringer13.de

44. MUCA

ALTSTADT
Hotterstraße 12 • *muca.eu*

41.

Theater

45. RESIDENZTHEATER
ALTSTADT • *Max-Joseph-Platz 1*
residenztheater.de

46. BAYERISCHE STAATSOPER
ALTSTADT • *Max-Joseph-Platz 2*
bayerische.staatsoper.de

47. KAMMERSPIELE
ALTSTADT • *Maximilianstraße 26-28*
muenchner-kammerspiele.de

48. GOP VARIETÉ-THEATER
ALTSTADT • *Maximilianstraße 47* • *variete.de*

49. GÄRTNERPLATZTHEATER
LUDWIGSVORSTADT-ISARVORSTADT
Gärtnerpl. 3 • *gaertnerplatztheater.de*

50. MÜNCHNER VOLKSTHEATER
MAXVORSTADT • *Brienner Str. 50*
muenchner-volkstheater.de

51. AMPHITHEATER IM ENGLISCHEN GARTEN
SCHWABING • *Englischer Garten*

52. VEREINSHEIM (LESEBÜHNE)

SCHWABING • *Occamstraße 8* • *vereinsheim.net*

53. PRINZREGENTENTHEATER

BOGENHAUSEN • *Prinzregentenpl. 12*
prinzregententheater.de

54. GASTEIG

AU-HAIDHAUSEN • *Rosenheimer Str. 5*
gasteig.de

55. BLUTENBURG-THEATER

NYMPHENBURG NEUHAUSEN
Blutenburgstraße 35 • *blutenburg-theater.de*

Chrillo & Nicole

Wiesn

Das Oktoberfest in München (mundartlich: d'Wiesn) ist das größte Volksfest der Welt. Seit 1810 findet es jedes Jahr auf der Theresienwiese in der bayerischen Landeshauptstadt statt. Jährlich generiert es in den zwei Wochen durchschnittlich eine Milliarde € Umsatz. Eröffnet wird stets am Samstag nach dem 15. September und dauert 16–18 Tage.

Dresscode:
Dirndl + Lederhosn

Nele & Markus

Besucher: rund 6 Millionen
Konsumiertes Bier: rund 60.000 Hektoliter
Verkaufte Brathendl: knapp 500.000
Preis pro Maß: zwischen 10–11,50 €

Hackerbrücke
80335 München

gelbe Linsensuppe mit Koriandersamen
geröstete Grießsuppe mit Schnittlauch 4.90

Maultaschen mit Ziegenfrischkäse, rosa Pfeffe
Salat aus rote Bete, Orange, schwarzen Oliver
marinierte Ochsenbrust mit Schwarzbrotcro
Salat aus Sellerie, Zedratzitrone, Petersilie
Wurzelspinat mit Knoblauch, Granatapfel &
Salat der Saison 3.90

Südtiroler Kasnocken mit Butter & Parme
Strozzapreti mit Ochsenschwanzragout
Risotto mit Borlottibohnen, Salbei & Aceto
Kartoffelgnocchi mit Nüssen, Tomate, Kapern,
Schweinebraten vom Biometzger Pichler mit Kra
Wiener Schnitzel mit Preiselbeeren & Kartof

Palatschinken mit Himbeermarmelade
Vanillehalbgefrorenes mit warmer Zwetsch
Zitronentarte 4.90
gebackener WalnussBrie mit RotweinBi

5. Essen & Trinken

"Die Kultur hängt von der Kochkunst ab."
– Oscar Wilde

In München findet man herzliche alteingesessene Wirtshäuser wie das Weinhaus Neuner oder Beim Sedlmayr, extravagante Sternelokale wie das weltweit bekannte Tantris und neue, kreative Food-Konzepte, wie man sie in der Weinbar Grapes oder im Der Dantler genießen kann. Der Viktualienmarkt ist eine kulinarische Institution im Herzen der Stadt und findet seit 1807 täglich, außer an Sonn- und Feiertagen, statt. Ein Besuch dort gehört ebenso dazu, wie ein klassisches Weißwurstfrühstück, eine ordentliche Haxe, eine Mass und ein Besuch im Biergarten. Aber eben auch ein Döner im Türkitch, eine Fischsuppe am Wiener Platz oder eine Frühstücksbowl in Mary's Coffee Club sind Pflicht.

M = Mittag · A = Abend
€ = günstig · €€ = moderat · €€€ = gehoben · €€€€ = Gourmet

56. SCHWARZREITER

ALTSTADT • *Maximilianstraße 17*
schwarzreiter.com • 089 212 52 125 • M/A, €€€€

Küchenchefin Maike Menzel ist die erste Sterne-
köchin Münchens und verzaubert ihre Gäste
mit Finesse und einer kreativen Young Bavarian
Cuisine. Sie sorgt damit für frischen Wind im
ehrwürdigen Haus des Hotel Vier Jahreszeiten
Kempinski an der Maximilianstraße, welches zu
diesem Anlass das Restaurant frisch renovierte.
Zum Lunch ist die Tagesbar geöffnet und bietet
mit dem Daily Dish ein besonders attraktives Angebot.

57. GRAPES

ALTSTADT • *Ledererstraße 8a*
grapes-weinbar.de • *089 242 249 504* • *A, €€€*

Im Herzen Münchens liegt diese außerordentlich stilvolle und gleichzeitig gemütliche Weinbar, die uns mit herzlich kompetentem Service,
kleinen zelebrierten Gerichten und einem ausgezeichneten Naturwein
überzeugt. Auch zu später Stunde unter der Woche werden die freien
Tische immer wieder besetzt, die Atmosphäre ist daher lebendig und
gesellig. Das Bier gibt es hier naturgemäß im Weinglas.

58. WEINHAUS NEUNER

ALTSTADT • *Herzogspitalstraße 8*
weinhaus-neuner.de • 089 2 603 954 • M/A, €€€

Das edle Weinhaus besticht durch eine beseelte gemütliche Wirtshaus-Atmosphäre, die hier durch die beeindruckende Geschichte seit 1892 geprägt wurde. Mit unseren Kindern ist hier der Sonntag ein Paradies, denn mittags wird den Kids ein betreutes Spielprogramm angeboten, während wir klassische bayerische Gerichte genießen und in aller Gemütlichkeit die SZ lesen können.

59.

62.

61.

59.

59. KOI

ALTSTADT • Wittelsbacherpl. 1
koi-restaurant.de • 089 89 081 926 • A, €€€€

Ein Spaziergang durch den nahege-
legenen Hofgarten ist der perfekte
Auftakt für einen gediegenen Abend
im KOI. Auf zwei Etagen verteilen sich
wunderschönes Interieur, eine Bar im
50er-Jahre-Stil und allerlei exklusives
Publikum. Die japanischen Leckerei-
en im Izakaya-Stil lassen sich hervorragend teilen und so hat man die Chance
möglichst viele der wirklich köstlichen
Fusion-Kreationen zu probieren.

60. TRADER VIC'S

ALTSTADT • Promenadepl. 4
bayerischerhof.de • 089 2 120 995 • A, €€€€

In der Kellerbar des Hotels Bayerischer
Hof genießt man polynesische Küche,
schlürft Südsee-Cocktails aus Tiki-Be-
chern – der Mai Tai ist legendär! – und
staunt über das seit den 70ern unver-
ändert exotische Interieur samt Kugel-
fischlampen. Ein Lieblingstipp unserer
Soulmate Saskia Diez.

61. THE GRILL

ALTSTADT • Lenbachpl. 8
the-grill-munich.de • 089 45 205 950 • A, €€€

Ob Kobe-Rind oder Atterochs, bei Dino
Klemencic und Uli Springer (die auch
das KOI und die Brasserie Oskar Maria
im Literaturhaus betreiben) dreht sich
alles um erlesene Produkte und deren
perfekte Zubereitung. Das großartige
Ambiente im denkmalgeschützten
Künstlerhaus inklusive Dachterrasse ist
der würdige Rahmen, um die gehobene
Fleischeslust zu zelebrieren. Der Service
sucht seinesgleichen. Eine Adresse für
den ganz besonderen Abend.

62. BUFFET KULL

ALTSTADT • Marienstraße 4 • buffet-kull.de
089 221 509 • A, €€€

Das Buffet Kull ist eine Institution in
der Münchner Gastronomie-Szene
und kann auf über 20 Jahre Bewirtung
zurückblicken. Die Stimmung ist ganz
nach dem Flair eines französischen Bis-
tros laut und fröhlich. Die Tische stehen
eng, es ist gesellig. Endlich mal wieder
leckere Moûles Frîtes, serviert auf authentisch rot-weiß karierter Tischdecke!

63. TIAN

*ALTSTADT • Frauenstraße 4
taste-tian.com • 089 885 656 712 • M/A, €€€*

Hier wird die vegetarische Küche zur Kunstform erhoben. Nicht oft wird so kreativ mit Gemüse und Gewürzen umgegangen. Was hier auf dem Teller landet, ist nicht nur Gaumenschmaus, sondern auch immer eine Augenweide. Das TIAN in Wien hat bereits einen Stern. Die jüngere Münchner Schwester hat diese Ehre nun auch erhalten.

64. WALTER & BENJAMIN

ALTSTADT • *Rumfordstraße 1*
walterundbenjamin.de • 089 26 024 174 • A, €€€

Die vielleicht persönlichste Weinbar in München. Es begann mit der Weinhandlung und einem integrierten kleinen Bistro. Seit Neuestem wurde die Weinhandlung als zweite Dependance ausgelagert und das Restaurant entsprechend vergrößert. Hier wird abends und am Wochenende auch mittags eine kleine feine Auswahl an saisonalen deutschen Gerichten geboten. Zum Dinner liegt die Hauptspeise bei 25 Euro und das Fünf-Gänge-Menü bei 65 Euro.

69.

66.

65. BRASSERIE L'ATELIER

ALTSTADT • *Westenriederstraße 43 •*
brasserie-atelier.de • 089 21 266 782 • M/A, €€

Wenn nach einem Einkaufsrausch am Viktualienmarkt der Kollaps droht, rettet man sich auf einen Kaffee, ein Glas Wein oder auch gleich ein Dutzend Austern an die sonnige Hauswand oder den extralangen Tresen und fühlt sich garantiert sofort wie Gott in Frankreich.

66. VINOTHEK BY GEISEL

LUDWIGSVORSTADT-ISARVORSTADT
Schützenstraße 11 • excelsior-hotel.de
089 551 377 140 • M/A, €€€

Weinbars erfreuen sich überall größter Beliebtheit und die Vinothek besitzt dabei unter diesen nunmehr vielfältigen Genusslokalen eine rustikale und traditionelle Natur. Das Kellergewölbe mit dem urigen Interieur bringt das zum Ausdruck. Die stolze Weinauswahl mit über 700 Flaschenweinen ist vom Feinsten. Es wird zudem eine Vielzahl von 20 Sorten als offene Weine zur Verkostung angeboten. Ein selbst gewähltes Drei-Gänge-Menü mit einem Glas Riesling liegt bei etwa 50 Euro.

67. HAGURUMA

LUDWIGSVORSTADT-ISARVORSTADT
Baaderstraße 62 • restaurant-haguruma.de
089 2 016 911 • M/A, €€

Einfach echt Japanisch! Auf kleinem Raum werden in diesem Familienrestaurant ganz unschick, aber dafür ganz authentisch, leckere und teils überraschende japanische Gerichte serviert. Ein Lieblingstipp unserer Soulmate Saskia Diez, die hier dringend das Agedashi Tofu empfiehlt.

68. GOLDMARIE

LUDWIGSVORSTADT-ISARVORSTADT
Schmellerstraße 23 • goldmarie-muenchen.de
089 51 669 272 • M/A, €€

Ein Besuch in der Goldmarie lässt sich wunderbar mit einer Visite beim Schlachthof verbinden. Im Schlachthof lassen sich die bunten Graffitiwände bestaunen und im Winter befindet sich hier ein sehr schöner Weihnachtsmarkt. Die Gerichte im Goldmarie sind klassischer Natur auf elegante und moderne Weise. Die Speisen sind zum Genießen und Wühlfühlen und reichen von Maultaschen, über Südtiroler Kasnocken bis hin zum heiß geliebten Schweinebraten.

69. QUATTRO TAVOLI

LUDWIGSVORSTADT-ISARVORSTADT
Dreimühlenstraße 10 • quattrotavoli.com
089 74 118 157 • A, €€

Jeder braucht einen Stammitaliener und dieses nette kleine italienische Restaurant im Dreimühlenviertel eignet sich perfekt dazu und ist ein Tipp unserer Soulmate Saskia Diez. Und draußen sitzen kann man auch noch! Ach ja, das Essen ist natürlich herzlich italienisch und egal ob man Pizza, Pasta oder Fleisch wählt, es wird ein leckerer Abend.

70. PESCHERIA

LUDWIGSVORSTADT-ISARVORSTADT • *Fraunhoferstraße 13*
pescheria.de • *089 24 214 027* • *M/A, €€*

Die Pescheria wurde 2012 eröffnet und liegt zwischen Glockenbach-viertel und Gärtnerplatz. Beim Betreten des Restaurants macht die Aus-lage an frischem Fisch Appetit auf die vorzügliche Fischsuppe und ge-grillte Dorade. Die gemütliche Atmosphäre ist eine stilvolle Mischung aus bayerischem Wirtshaus und italienischer Trattoria.

71. KATOPAZZO

MAXVORSTADT • *Amalienstraße 87*
katopazzo.de • M/A, €€

Hinter diesem 2014 eröffneten modernen Restaurant-Konzept stehen
die erfolgreichen Gastronomen vom Hej Luigi und Nage & Sauge. Serviert werden fantastisch angerichtete Bowls und göttliche Hermannsdorfer Rippchen in cooler Dinner-Atmosphäre. Für alle, die danach
noch auf einen Drink gehen wollen: Im Keller befindet sich die zum
Restaurant gehörende Totem Bar.

74.

73.

76.

72. BAVARESE

LUDWIGSVORSTADT-ISARVORSTADT
Ehrengutstraße 15 • bavarese.net
089 52 033 437 • A, €€

Italia meets Bavaria im Dreimühlenviertel. Ob toskanischer Schweinebraten
oder Pizza mit Wacholderschinken und
Bergkäse, das gemütliche Lokal vereint
das Beste aus beiden Welten. Im Sommer
sitzt es sich auf dem Vorplatz besonders
schön und für den Absacker muss man
nur einmal über die Straße zu den netten
Kollegen ins Valentin Stüberl.

73. ROECKLPLATZ

LUDWIGSVORSTADT-ISARVORSTADT
Isartalstraße 26 • roecklplatz.de
089 45 217 129 • A, €€

Was Jamie Oliver kann, kann Sandra
Forster schon lange. Dass Ausbildungs-
restaurant und feine, mediterrane Küche
wunderbar zusammengehen, zeigt die
mehr als zehnjährige Erfolgsgeschichte
des Lokals, in dem auch vegane Vorlieben bestens bedient werden.

74. WALDMEISTEREI

MAXVORSTADT • *Barer Str. 74*
089 18 946 956 • F/M, €€

Ein klasse Frühstückslokal an jedem
Tag der Woche – wobei die wechselnden
Mittagsgerichte auch hervorragend und
wunderschön anzusehen sind. Dielen-
fußboden, Holztische und gedeckte
Farben, hier fühlt man sich wohl, eine
stilvolle schlichte Gemütlichkeit in der

Maxvorstadt. Danach am besten nebenan bei The Second Gerdismann stöbern
oder einen Spaziergang auf dem Nordfriedhof unternehmen.

75. SHIMAI

MAXVORSTADT • *Theresienstraße 87*
shimai.de • 089 66 54 92 68 • M/A, €€

Die extravagante Einrichtung passt
hervorragend zum Konzept: moderne
asiatische Küche. Klassiker wie Dumplings, Pho und Wokgerichte werden hier
ebenso köstlich serviert wie Rindertatar
und frittierter Tintenfisch. Draußen sitzen kann man auch, verpasst dann allerdings das coole Interieur.

76. SUSHIYA SANSARO

MAXVORSTADT • *Amalienstraße 89*
sushiya.de • 089 28 808 442 • M/A, €€€

Seit über zehn Jahren ist das Sushiya
sansaro unter den besten Adressen für
Sushi in München. Das Sushi-Angebot
in München ist vergleichsweise hoch,
doch die Sushiya überzeugt durch einen
besonderen Anspruch an die Qualität der verwendeten Produkte. Es wird
viel Wert auf Bio-Herkunft gelegt. Das
Ambiente ist authentisch japanisch,
also eher unaufgeregt, mit einem langen
Holztisch im Zentrum und der Sushi-
Theke immer im Blick.

77. TANTRIS

SCHWABING • *Johann-Fichte-Straße 7*
tantris.de • 089 3 619 590 • A, €€€€

Es ist ein vergnügliches Erlebnis, in diesem extravaganten Zwei-Sterne-Restaurant zu dinieren, welches Bauunternehmer Fritz Eichbauer vor mehr als 45 Jahren entworfen hat. 2013 ließen wir unsere Eheringe tätowieren und feierten danach im Tantris, umgeben von einer einnehmenden modernen 70er-Jahre-Architektur. Spannend ist auch die Küchenhistorie: Chefkoch Witzigmann erkochte bereits 1974 den zweiten Stern für das Restaurant und Nachfolger Winkler kurz darauf 1981 den dritten Stern. Chefkoch Hans Haas schreibt die Geschichte nun weiter.

![Restaurant-Innenansicht mit Drachendekoration]

78. THE HUTONG CLUB

SCHWABING • *Franz-Joseph-Straße 28*
thehutongclub.de • 089 38 380 343 • A, €€€

Die gekonnte Revolution des chinesischen Restaurants. Ausgezeichnete moderne chinesische Kulinarik in coolem Clubambiente. Bei der Bestellung dürfen keinesfalls die leckeren Rippchen mit Hoisinsauce und Dumplings fehlen. Ein weiteres Highlight bei einem Besuch sind sicherlich die außergewöhnlichen Cocktails, die gemeinsam mit dem schicken Interieur auf eine lange Nacht einstimmen.

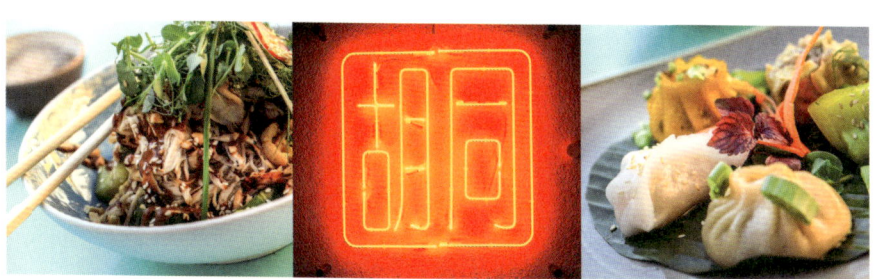

Kein Genuss ist
vorübergehend, denn der
Eindruck, den er zurückläßt,
ist bleibend.

– Goethe

79. JAVI

SCHWABING • *Schleißheimer Str. 182*
javi-restaurant.de • *089 30 666 770* • *M/A, €€*

Mit Japan und Vietnam verbindet das JaVi zwei unserer Lieblingsküchen. Das liegt hier in der Natur der Sache, denn Inhaber Manh Hung Tran stammt aus Vietnam und arbeitet seit über 20 Jahren als Sushi-Koch. Das Interieur ist stilvoll. Mittags wie abends eine einfache und verlässliche Wahl in Schwabing.

80. CHOPAN SCHWABING

SCHWABING • *Occamstraße 3*
chopan-schwabing.de • *089 38 888 652* • *A, €€*

Ein Ausflug in die afghanische Küche und ihre Gewürzzauberwelt lohnt hier besonders. Es schmeckt wirklich alles, aber der ewige Sieger ist eine Vorspeise – der geschmorte Kürbis mit Tomaten-Safran-Sauce. Wenn wieder einmal kein Platz frei sein sollte, zwei weitere Restaurants gibt es in Neuhausen und am Gasteig.

81. COCHINCHINA

SCHWABING • *Kaiserstraße 28*
cochinchina.de • *089 38 989 577* • *M/A, €€€*

Ein Lieblingstipp unserer Soulmates Bele und Patrik Muff. Die Inhaber des Restaurants Anh-Thu haben hier eine zweite Dependance eröffnet. Die vietnamesich-chinesischen Speisen sind ebenso köstlich wie aus dem Anh-Thu bekannt. Das Interieur ist schicker und moderner, der Raum allerdings deutlich größer und offener, daher weniger persönlich.

82. WERNECKHOF

SCHWABING • *Werneckstraße 11*
geisels-werneckhof.de • *089 38 879 568 A, €€€€*

Der Werneckhof wurde 2016 mit zwei Sternen geehrt und gehört zu den allerbesten Adressen der Gourmet-Restaurants in München. Chefkoch Tohru Nakamura wurde zudem 2015 als Koch des Jahres vom Feinschmecker-Magazin gekürt. Das zeigt sich natürlich auf den Tellern: klassische europäische Küche wird vereint mit japanischen Eindrücken seiner Heimat und als Kunstwerke angerichtet. Ganz im üblichen Sinne der Familie Geisel wird der Gast auch hier für Hochgenüsse in einem gemütlich traditionellen Rahmen empfangen. Das Fünf-Gänge-Menü liegt bei 185 Euro, die exquisite Weinbegleitung bei 80 Euro.

83. ANH-THU

SCHWABING • *Kurfürstenstraße 31*
anh-thu.de • *089 27 374 117* • *M/A, €€€*

Wir lieben vietnamesische Küche und so waren wir glücklich, als wir erstmals das schon 2009 eröffnete Restaurant Anh-Thu entdeckten. Mittlerweile gibt es einige sehr gute vietnamesische Restaurants in München, doch dieses gehört zu den Pionieren und überzeugt weiterhin durch die coole und schicke Atmosphäre, vor allem am Abend, und durch die besonders edel angerichteten Speisen.

84.

85.

85.

84. KÄFER-SCHÄNKE

BOGENHAUSEN • *Prinzregentenstraße 73*
feinkost-kaefer.de • 089 4 168 247 • M/A, €€€

Die Käfer-Schänke ist für uns auf ewig in guter Erinnerung, denn in einer der 15 separaten und individuell eingerichteten Räume haben wir nach unserer standesamtlichen Hochzeit in der Mandlstraße unser Hochzeitsessen in privat intimen Rahmen zelebriert. Doch auch das offene Restaurant gehört zu den wichtigsten kulinarischen Bühnen der Stadt. Das Vier-Gänge-Menü in dieser gediegenen Bogenhausener Institution liegt bei 109 Euro.

85. DOMAINES KILGER WEINHÄUSL

AU-HAIDHAUSEN • *Wiener Platz 4*
weinhaeusl.com • 089 2 323 979 979 • M/A, €€€

Unsere Soulmate Lea Rieck hat dieses ganz frisch eröffnete Weinhäusl am Wienerplatz für sich und uns entdeckt. Das denkmalgeschützte Haus aus dem 19. Jh. wurde liebevoll renoviert. Die Küche von Chef Sebastian Ferk konzentriert sich auf Bisonfleisch und Wein – das Fleisch kommt nur von der eigenen Bisonzucht in Siebenbürgen und die Weine von den eigenen Weingütern aus Österreich. Auch tagsüber gibt es leckere Angebote.

86. KIM & CO WEINBAR

AU-HAIDHAUSEN • *Johannisplatz 11*
kimundco.de • 089 44 119 930 • A, €€€

Hier gibt es das beste Backhendl der Stadt mit vorzüglichem Kartoffelsalat! Das alleine vermittelt allerdings den falschen Eindruck der sympathischen Weinbar. Denn hier gibt es ebenso raffiniert kreative Gerichte und dazu natürlich passende persönliche Weinempfehlungen über die Theke. Das kleine Restaurant überzeugt mit gemütlichem und elegantem Charme gleichermaßen. Auch für ein intimes Dinner zu zweit sind wir gern hier.

87. KEKO

AU-HAIDHAUSEN • *Mariahilfstraße 24*
keko-restaurant.com • 089 659 969 • A, €€

Das unscheinbare und etwas abgelegene Restaurant gehört seit Langem zu unseren liebsten türkischen Speiselokalen. Der Service ist jedes Mal, als würde man zur Familie nach Hause kommen. Der Name ist hier Programm: Wie ein „Guter Freund" wird man in der traditionellen, türkischen Taverne am Mariahilfplatz bewirtet. Ein Muss sind die Keko-Köfte. Aber Vorsicht bei den vorab gereichten Peperoni, die sind schärfer, als sie aussehen.

88. MUN

AU-HAIDHAUSEN • Innere Wiener Straße 18
munrestaurant.de • 089 62 809 520 • A, €€€

Bei diesem preisgekrönten High-End Fusion Gastro-Konzept trifft Asien auf Argentinien. Wer sich für eines der Degustationsmenüs entscheidet, macht nichts falsch und darf sich auf göttliches Sushi (mit Soja-Sauce aus Eigenproduktion) und neu interpretiertes Bibimbap mit Steak-Topping freuen. Unbedingt auf die exzellente Weinbegleitung vertrauen!

89. SHOWROOM

AU-HAIDHAUSEN • *Lilienstraße 6*
www.showroom-restaurant.de • 089 44 429 082 • A, €€€€

Ein unkonventionelles Sternerestaurant mit viel Freude und Kreativität wie wir es lieben. Der Michelin Stern wurde damals noch dem Vorgängerrestaurant Schweiger[2] unter Andreas und Franziska Schweiger verliehen. Das heutige Restaurant Showroom, welches vom damaligen Sous Chef und heutigem Küchenchef Dominik Käppeler mit viel Passion geführt wird, verteidigt die Ehre mit Bravour. Das Sieben-Gänge-Menü (135 Euro) richtet sich nach der Saison und wechselt alle 14 Tage. Viel Vergnügen in diesem sehr persönlichen Sternelokal.

90.

90.

90. CHEZ FRITZ

AU-HAIDHAUSEN • Preysingstraße 20
chezfritz.de • 089 4 487 676 • A, €€€

Die französische Brasserie begeistert mit
nostalgischem Flair und authentischen
Klassikern wie Bouillabaisse, Steak
Frites oder Tatar. Drinnen wird es an
den kleinen, mit Karotuch eingedeckten
Tischchen auch mal kuschelig eng. Wer
im Sommer auf der luftigeren Terrasse
Platz nimmt, schaut auf sattgrüne
Bäume und die rote Backsteinfassade der
Haidhauser St. Johannes-Kirche.

91. CHARLIE

GIESING • Schyrenstraße 8 • charl.ie
089 48 058 244 • A, €€

Das Charlie hat eine ganz besondere Bedeutung in unserem Leben. Hier haben
wir uns das erste Mal getroffen, miteinander geredet und verabredet. Nun
sind wir sechs Jahre glücklich verheiratet
und haben drei gemeinsame Kinder.
Welch ein tolles Omen für ein Restaurant. Das Konzept ist aber auch einfach
großartig: erst gemeinsam mit Freunden
herrliche Feuertöpfe zelebrierend löffeln
und anschließend zum Tanzen und Feiern in den Club eine Etage tiefer. Viel
Vergnügen beim Kennenlernen!

92. ACETAIA

NYMPHENBURG NEUHAUSEN
Nymphenburger Str. 215 • restaurant-acetaia.de
089 13 929 077 • M/A, €€€

Welch wundervolles Gourmet Restaurant im schillernden Jugend-
stil-Ambiente! Nymphenburg ist eine
ganz eigene anmutige und herrschaftliche Seite von München und das Acetaia
ist ein Spiegel dessen. Das feine italienische Restaurant liegt zudem perfekt,
um den Stadtteil mit einem Spaziergang
entlang des Nymphenburger Kanals mit
Blick auf das Schloss zu erleben. Die
Hauptgerichte liegen bei etwa 30 Euro.

93. DER DANTLER

GIESING • *Werinherstraße 15*
derdantler.de • 089 39 292 689 • M/A, €€€

Seit der Eröffnung des Restaurants und dessen Vorgänger Upper Eat Side sind wir große Fans! Inhaber Jochen Kreppel und Maximilian Süber sind passionierte Wirte und empfangen ihre Gäste mit viel Freude und Enthusiasmus. In herrlich ungezwungenem Rahmen gibt es eine kleine kreative Karte mit ausgezeichneter Getränkebegleitung. Hier versteht man sein Handwerk und ist nie zu müde für neue raffinierte köstliche Gerichte. Eine ganz dringende Empfehlung für einen gelungenen Abend. Unbedingt reservieren!

94. BROEDING

NYMPHENBURG NEUHAUSEN • *Schulstraße 9*
broeding.de • *089 164 238* • *A, €€€€*

Ein großartiger Geheimtipp für exzellentes Fine Dining mit Persönlichkeit und Tradition! Seit 30 Jahren schreibt das Broeding erfolgreiche Restaurant-Geschichte. Manuel Reheis ist hier neben Gottfried Wallisch der Inhaber und zugleich auch der erfindungsreiche und passionierte Chefkoch, was ein Teil des Erfolgsrezepts sein mag. Das täglich wechselnde gesetzte Fünf-Gänge-Menü liegt bei 85 Euro, die äußerst lohnenswerte und sympathische Weinbegleitung mit einem Fokus auf Österreich bei zusätzlichen 55 Euro.

98.

95. RIVA BAR

ALTSTADT • Tal 44 •
089 24 231 974 • M/A, €€

96. GRANO

ALTSTADT • Sebastiansplatz 3 •
089 23 269 939 • M/A, €€

97. SOUL KITCHEN

LUDWIGSVORSTADT-ISARVORSTADT
Fraunhoferstraße 27 A •
soulkitchen-munich.de
089 23 041 544 • M/A, €

98. FUGAZI N°15

LUDWIGSVORSTADT-ISARVORSTADT
Wittelsbacherstraße 15 • fugazi.pizza •
089 2 010 059 • M/A, €€

99. CIAO RAGAZZI

MAXVORSTADT • Schellingstraße 27
pizzeriaciaoragazzi.de • 089 28 803 795 •
M/A, €€

98.

Pizza

100. THE ITALIAN SHOT
MAXVORSTADT • *Theresienstraße 40*
italianshot.com • *089 18 914 699* • *M/A, €€*

101. PIZZESCO
AU-HAIDHAUSEN • *Rosenheimer Straße 12*
pizzesco.com • *089 67 972 812* • *M/A, €*

Biergärten

102. AUMEISTER

SCHWABING • *Sondermeierstraße 1*
aumeister.de • *089 18 931 420*

103. HIRSCHAU

SCHWABING • *Gyßlingstraße 15*
hirschau-muenchen.de • *089 36 090 490*

104. MUFFATWERK

AU-HAIDHAUSEN • *Zellstraße 4*
muffatwerk.de • *089 45 875 073*

105. WALDWIRTSCHAFT

PULLACH • *Georg-Kalb-Straße 3* • *Pullach*
waldwirtschaft.de • *089 74 994 030*

106. INSEL MÜHLE

UNTERMENZING • Von-Kahr-Straße 87
inselmuehle-muenchen.com • 089 81 010

107. BIERGARTEN AM WIENER PLATZ

AU-HAIDHAUSEN •
Innere Wiener Straße 19 • hofbraeukeller.de
089 4 599 250

108. TAXISGARTEN

NEUHAUSEN-NYMPHENBURG •
Taxisstraße 12 • taxisgarten.de • 089 156 827

109. ZUM FLAUCHER

SENDLING
Isarauen 8 • zum-flaucher.de • 089 7 232 677

110. GUTSHOF MENTERSCHWAIGE

GIESING • Menterschwaigstraße 4
menterschwaige.de • 089 640 732

111. SCHINDERSTADL

SENDLING • Isarauen 2 • haberl.de •
089 28 859 686

Wirtshäuser

112. SPATENHAUS AN DER OPER

ALTSTADT • *Residenzstraße 12* • *kuffler.de*
089 2 907 060 • *M/A, €€€*

113. BEIM SEDLMAYR

ALTSTADT • *Westenriederstraße 14*
beim-sedlmayr.de • *089 226 219* • *M/A, €€*

114. MAXIMILIAN

LUDWIGSVORSTADT-ISARVORSTADT
Westermühlstraße 32 • *wirtshaus-maximilian.de*
089 74 040 854 • *M/A, €€*

115. GÖRRESHOF

MAXVORSTADT • *Schleißheimer Str. 100*
goerreshof.de • *089 20 209 550*

116. KAISERGARTEN

SCHWABING • *Kaiserstraße 34* • *kaisergarten.com*
089 34 020 203 • *M/A, €€*

117. ST. EMMERAMSMÜHLE

BOGENHAUSEN • *St. Emmeram 41*
emmeramsmuehle.de • *089 953 971*
M/A, €€€

118. ZUM KLOSTER

AU-HAIDHAUSEN • *Preysingstraße 77*
089 4 470 564 • *M/A, €€*

119. WIRTSHAUS IN DER AU

AU-HAIDHAUSEN
Lilienstraße 51 • *wirtshausinderau.de*
089 4 481 400 • *A, €€€*

120. GIESINGER BRÄUSTÜBERL

GIESING • *Martin-Luther-Straße 2*
giesinger-braeu.de • 089 55 062 184 • M/A, €€

121. GASTSTÄTTE GROSSMARKTHALLE

SENDLING • *Kochelseestraße 13*
gaststätte-grossmarkthalle.de • 089 764 531 • M, €€

122. SERVUS HEIDI

SCHWANTHALERHÖHE • *Landsberger Straße 73*
servusheidi.de • 089 55 276 303 • A, €€

123. ZUR SCHWALBE

SCHWANTHALERHÖHE • *Schwanthalerstraße 149*
zurschwalbe.com • 089 23 021 447 • M/A, €€

Einfach gut Mittagessen

124.

125.

130.

124. SCHUMANNS TAGESBAR

*ALTSTADT • Maffeistraße 6 • schumanns.de
089 24 217 700 • M, €€€*

Nirgendwo sitzt es sich schöner, um bei einem exquisiten Lunch oder einem Aperol Spritz das Münchner Stadtleben zu betrachten.

125. FISCH WITTE

*ALTSTADT • Viktualienmarkt 9 • fisch-witte.de
089 222 640 • M, €€*

Für Chris als Hamburger ein Stück Heimat: die Fischbrötchen mit Flusskrebsen bei Fisch Witte. Wer reingeht, bringt Zeit mit und hat die Qual der Wahl bei der wunderbaren Auslage.

126. IDAS MILCHLADEN

*ALTSTADT • Kreuzstraße 23
idasmilchladen.de • 089 263 925 • M, €*

Die Schlange reicht bis weit auf die Straße, doch die Wartezeit lohnt sich. Nirgends gibt es bessere Fleischpflanzerl mit Kartoffelsalat. Ida, wir lieben dich.

127. CASPAR PLAUTZ

*ALTSTADT • Viktualienmarkt
casparplautz.de • M, €*

Theo und Dominik mischen den altehrwürdigen Viktualienmarkt auf und machen die „olle Knolle" wieder cool. 20 Sorten Kartoffeln kann man bei ihnen kaufen – vom Bamberger Hörnla bis zur Mecklenburger Schnecke – und dazu brutzeln die beiden Hobbyköche täglich frisch kartoffeliges Soul-Food vom Feinsten.

128. LEDU

*MAXVORSTADT • Theresienstraße 18, oder
LUDWIGSVORSTADT-ISARVORSTADT •
Klenzestraße 62 • ledu.restaurant • M, €*

Viele Mittagspausen haben wir beim Dumpling Essen im LeDu verbracht. Immer super!

129. CHI THU

*LUDWIGSVORSTADT-ISARVORSTADT
Pestalozzistraße 16 • chithu.de
089 21 022 200 • M/A, €€*

Wow, so lecker! Die belegten Baguettes, die Curries, die Rollen - alles wird mit viel Liebe und Können zubereitet. Nur auf den kleinen Hockern sitzt es sich etwas ungemütlich – authentisch eben und darum nicht für Bayern gemacht.

130. IL PICCOLO PRINCIPE

*LUDWIGSVORSTADT-ISARVORSTADT
Kapuzinerstraße 48 • 089 7 213 450 • M/A, €€*

Unser Stammitaliener zum Lunch mit wechselnden authentisch italienischen Speisen. Die originale Trattoria-Stimmung gibt es obendrauf.

Einfach gut Mittagessen

132.

131.

Dorade
(Aquakultur · Mittelmeer)
Stück 8,00€

Dorade Rosé
(Wildfang / Atlantik)
100g 3,60€

136.

131. URBAN/SOUP

MAXVORSTADT • Rosental 5 • urbansoup.de
01577 7 767 111 • M, €€

Sexy Suppen! Ganz neu eröffnet, gibt es hier würzige und super schön anzusehende Suppen Deluxe.

132. WABI SABI SHIBUI

MAXVORSTADT • Ludwigstraße 11
wabisabimuc.de • M/A, €€€

Eine neue originelle Bar direkt an der Ludwigstraße. Die Drinks sind spitze und die Ramen-Suppe schmeckt ausgezeichnet.

133. LONGGRAIN THAI CUISINE

SCHWABING • Belgradstraße 45
longgrain.de • 089 32 667 582 • M/A, €

Einfache gute Thai-Küche! Wir lieben besonders das Hühnchen mit Cashew und Chili.

134. VINI E PANINI

SCHWABING • Nordendstraße 45
viniepanini.de • 089 2 721 743 • M, €

Ein Lieblingstipp unserer Soulmate Rahmée Wetterich. Seit 30 Jahren kocht hier Andrea Boscagli Rezepte nach seiner Großmutter und veröffentlicht diese in seinem Kochbuch „Simplice".

135. MARK'S FEINKOST

BOGENHAUSEN • Kufsteiner Platz 3
feinkost-marks.de

Charmanter und schicker Feinkostladen mit toller Atmosphäre im noblen Bogenhausen. Die Mittagsgerichte sind exzellent, die Snacks am Nachmittag ein Gedicht und der Kaffee aus eigener Röstung. Und Delikatessen für das nächste Picknick kann man auch noch einkaufen.

136. FISCHHÄUSL

AU-HAIDHAUSEN • Wiener Platz 9 • M, €€

Mitten auf dem Wiener Platz in der Sonne sitzen und fantastische gemischte Fischteller genießen. Der Fisch, den man sich selbst zusammenstellen kann, wird hier mit einem wilden würzigen Mix an frischen Kräutern gebraten. Es gehört zum Besten, was München mittags zu bieten hat! Der Oktopussalat ist übrigens ebenfalls himmlisch und meist ausverkauft.

137. ISSDICHGLÜCKLICH

AU-HAIDHAUSEN • Preysingstraße 42
idg-eatery.com • 089 87 764 540 • M, €€

Gesagt getan, passt auch einfach wunderbar zu unserem Buch-Titel. Und gesund sind die leckeren Bowls auch noch.

Einfach gut Mittagessen

138. TÜRKITCH

GIESING • Humboldtstraße 20
089 89 056 963 • M/A, €

Das Türkitch und uns verbindet so vieles. Wir gehörten zu den ersten Gästen und waren wie viele nach uns absolut begeistert, endlich guter Döner, bzw. hier sagt man Kebab, in München! Mit Chili, Minze und mit Zitrone beträufelt. Inhaber-Familie Onbasi und wir haben fast zeitgleich unsere ersten beiden Kinder bekommen, wir fühlten uns somit immer sehr nahe und verstanden. Döner und Kinder verbinden eben. Danke.

139. BEIRUTBEIRUT

SENDLING • Valleystraße 28 • beirutbeirut.de
089 52 036 916 • M, €

Das Beirutbeirut ist eine Reise in eine andere Welt, denn es befindet sich auf der anderen Seite der Stadt – dem unentdeckten Sendling. Aber die Reise lohnt sich, für meisterlich zubereitete orientalische Speisen.

140. FRAU LI

SCHWANTHALERHÖHE
Franziska-Bilek-Weg 1 • frauli-muenchen.de
089 50 073 298 • M/A, €€

Das Restaurant von Frau Li verbindet uns auf ähnliche Weise wie das Türkitch von Familie Onbasi. Wir waren so glücklich, ein einfach gutes Chinesisches Restaurant gefunden zu haben, das auch kindertauglich ist. Unser Favorit: das Curry mit Mango.

6. Cafés & Süßes

München bietet eine sehr passionierte Kaffeekultur und hat entsprechend unzählige wunderbare Cafés. Einige sind bereits zu Institutionen geworden, weil sie aus unserem Alltag nicht wegzudenken wären: Butterbrezn mit Espresso am Morgen im Dukatz, Kuchen am Wochenende im Café Luitpold oder ein Ausflug zum Schloss Nymphenburg und anschließend zum Kuchenessen im Café Ruffini. Neben den alteingesessenen Institutionen entstehen immer mehr junge kreative Coffeeshops in der ganzen Stadt mit professionellen und ungewöhnlichen Kaffeeröstungen wie Man vs. Machine, bei den Kaffee-Nerds im Standl 20 am Elisabethmarkt oder im super schicken Mary's Coffee Club.

> *„Wo Kaffee serviert wird, da ist Anmut, Freundschaft und Fröhlichkeit!"*
> – Ansari Djerzeri Hanball Abd-al-Kadir

FRAUEN

142.

141.

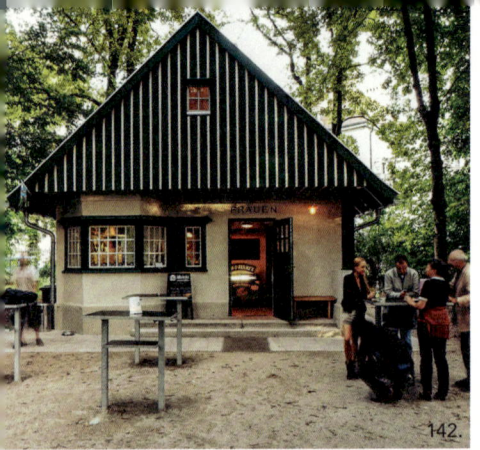

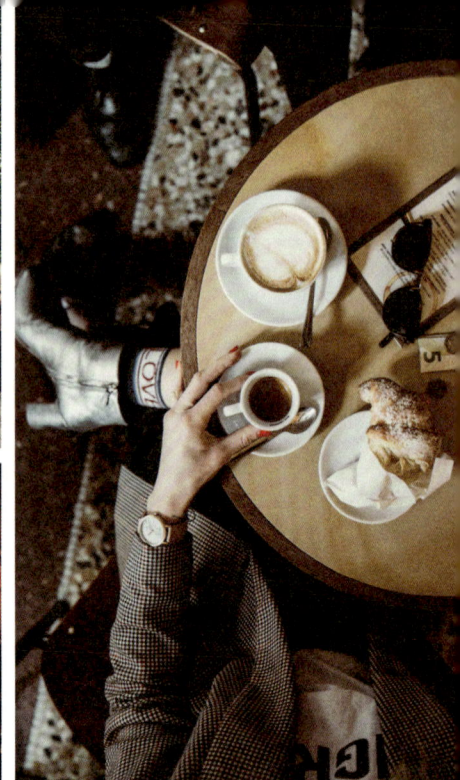

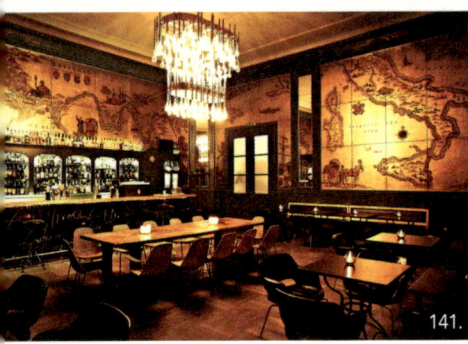

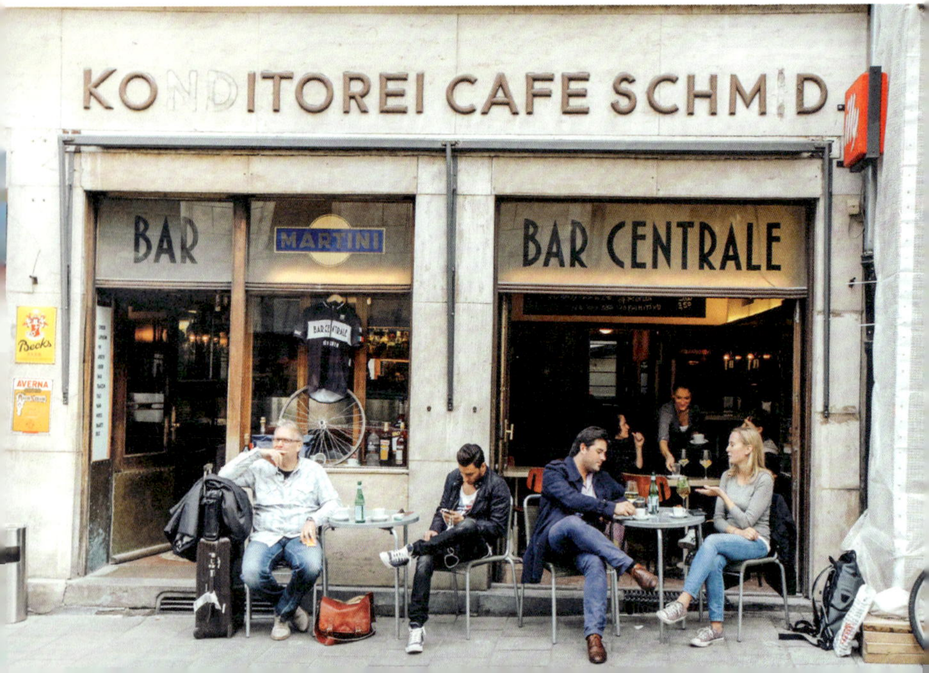
KONDITOREI CAFE SCHMID
BAR
MARTINI
BAR CENTRALE
Becks
AVERNA

141. DIE GOLDENE BAR

ALTSTADT • Prinzregentenstraße 1
goldenebar.de • 089 54 804 777

Die wunderbare Terrasse auf der Rückseite vom Haus der Kunst ist fantastisch, um sich am Nachmittag einen Munich Mule zu gönnen, dabei Tischtennis zu spielen und cooler Musik zu lauschen. Unser Tipp: vorher unbedingt zur Eisbachwelle und die Surfer bestaunen.

142. FRÄULEIN GRÜNEIS

ALTSTADT • Lerchenfeldstraße 1a
fraeulein-grueneis.de • 089 23 032 670

Sandra und Henning Dürr sind die leidenschaftlichen Betreiber dieses herzlichen Cafés mitten im Grünen und in direkter Nähe zu einem tollen Kinderspielplatz und zu den Eisbachsurfern. Leckere wechselnde Mittagsgerichte – die Suppen sind unser liebstes – gibt es auch noch. So viel auf einmal, da muss man einfach hin.

143. HOTEL VIER JAHRES-ZEITEN KEMPINSKI

ALTSTADT • Maximilianstraße 17
kempinski.com • 089 21 250

Die Tea Time im Hotel Vier Jahreszeiten Kempinski an der Maximilianstraße ist ein wunderbar dekadentes echtes Münchener Erlebnis. Es gibt in der Stadt keinen schöneren Ort dafür als in dieser imposanten und schillernden Lobby des ehrwürdigen Hauses aus dem Jahr 1858. Der Afternoon Tea wird täglich zwischen 15 und 18 Uhr zelebriert und kostet 39 Euro.

144. BAR CENTRALE

ALTSTADT • Ledererstraße 23
bar-centrale.com • 089 223 762

Die Bar Centrale ist seit mehr als 20 Jahren die Anlaufstelle für urlaubsreife Münchner. Für einen Spritz, einen Espresso oder direkt einen ganzen Abend in geselliger Runde ist man in Bella Italia, und das ganz ohne Stau am Brenner.

145. JESSAS MARIA + JOSEF

ALTSTADT • Prälat-Miller-Weg 3
jessas-mariajosef.de

Im Glockenbachviertel gibt es die Dreifaltigkeit bereits in Einzelteilen (Jessas = Eisdiele, Maria = Café, Josef = Bar). In bester Lage am Viktualienmarkt haben die Betreiber das Trio als Bistro-Café neu aufgelegt. Zuerst als Pop-Up, inzwischen als feste Einrichtung. Der Name könnte derweil besser nicht passen, Gebäudeeigner ist nämlich die Kirche.

146. CAFÉ LUITPOLD

ALTSTADT • *Brienner Straße 11*
cafe-luitpold.de • *089 2 428 750*

Neben dem Victorian House gehört das Café Luitpold zu unseren
absoluten Lieblingen für Kaffee und Kuchen. Um dem Ganzen die
Krönung zu geben, sollte man hier die berühmte Prinzregententorte
probieren. Jede der acht Biskuitböden steht sinnbildlich für die bis 1946
bestehenden acht Regierungsbezirke in Bayern. Da braucht es keine
Sachertorte mehr.

147. BRASSERIE OSKAR MARIA

ALTSTADT • Salvatorplatz 1
literaturhaus-muenchen.de • 089 2 919 340

Die Brasserie im imposanten Neurenaissance-Bau mitten in der Altstadt überzeugt mit exzellenten Speisen, Weinen und einer feinen Auswahl an Kuchen und Patisserie. Hier zaubert einem auch der leere Teller
noch ein Lächeln ins Gesicht, denn das Geschirr zieren literarische
Zitate von Namensgeber Oskar Maria Graf.

151.

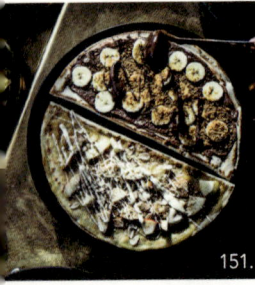

151.

151.

148.

148. SCHMALZNUDEL – CAFÉ FRISCHHUT

ALTSTADT • Prälat-Zistl-Straße 8
089 26 023 156

Münchens beste Schmalznudeln (= Auszog'ne) seit 1973! Der heiße Tipp ist das gezuckerte Striezerl, denn das ist sogar noch flauschiger als die namensgebende Spezialität. Und keine Angst, wenn die Schlange mal wieder länger ist, zum Mitnehmen geht es immer ganz fix.

149. THE VICTORIAN HOUSE

ALTSTADT • Frauenstraße 14
victorianhouse.de • 089 25 546 947

Tanja lebte in London und spätestens seitdem ist sie verrückt nach Scones mit Clotted Cream. Das Victorian House am Viktualienmarkt ist hinsichtlich Geschmack und Inneneinrichtung eine absolut meisterliche Institution dafür. Dazu stilecht einen schwarzen Tee mit Milch. Tea Time im Victorian House ist beliebt, daher am besten reservieren.

150. BELLEVUE DI MONACO

LUDWIGSVORSTADT-ISARVORSTADT
Müllerstraße 2–6 • bellevuedimonaco.de
089 55 057 750

So geht Engagement! Das Infocafé unweit des Gärtnerplatzes schlägt die Brücke zwischen den Kulturen, denn der Betrieb wird gemeinsam mit Geflüchteten organisiert. Ob auf ein Mittagsmenü, einen Kaffeeplausch oder die beliebte Board-Game-Night, der Besuch ist immer eine gute Sache. Weiterer Pluspunkt: die Preise sind nicht nur für Münchner Verhältnisse mehr als fair.

151. TRAM CAFÉ

LUDWIGSVORSTADT-ISARVORSTADT
Müllerstraße 46 • tramcafe.de • 089 45 249 483

Am Tram Café kann man einfach nicht vorbeigehen. Die Crêpes sind derart herausragend, dass man am besten zu mehreren kommt und somit verschiedene Crêpes teilen und kosten kann. Unsere Favoriten sind herzhaft mit Bacon & Brie und auf der süßen Seite der Banana Biscotto.

152. AROMA KAFFEEBAR

LUDWIGSVORSTADT-ISARVORSTADT
Pestalozzistraße 24 • aromakaffeebar.com
089 26 949 249

Mit seinem Tante-Emma-Charme, dem putzigen Mobiliar und den vielen bunten Leckereien ist das Aroma immer eine lohnende Anlaufstelle. Kaum zu glauben, dass die erste Kaffeebar im Glockenbach (eröffnet 1998) früher ein Porno-Shop war. Heute dominieren gern auch mal die Kinderwagen. Wer hier einen Platz ergattert hat, kann gleich getrost den halben Tag in der Kaffeebar verbringen.

153. KAFFEERÖSTEREI VIKTUALIENMARKT

ALTSTADT • *Viktualienmarkt* • *089 2 609 086*

Als unser Sohn Victor ein Jahr alt und schon sehr früh wach war, sind wir regelmäßig frühmorgens auf den Viktualienmarkt spaziert und haben beobachtet, wie die Stände aufsperren und aufbauen. Die Kaffee-rösterei war dabei nicht nur für uns eine feste Institution, sondern für den ganzen Markt. Der Service ist überwältigend herzlich und der Kaffee sensationell gut.

154. MAN VERSUS MACHINE COFFEE

LUDWIGSVORSTADT-ISARVORSTADT • *Müllerstraße 23*
mvsm.coffee • 089 80 046 681

Die vielleicht größten Kaffee-Nerds in München findest du im Man
Versus Machine. Der Kaffee dauert immer besonders lange, schmeckt
aber eben auch einzigartig. Unser Tipp: unbedingt bei der Wahl beraten lassen und die Franzbrötchen kosten. Die Rösterei findet sich seit
Neuestem in der Kolosseumstr. 6.

155. CAFÉ DUKATZ

LUDWIGSVORSTADT-ISARVORSTADT • *Klenzestraße 69*
dukatz.de • 089 20 062 893

Wenn wir an München denken, dann ist das Dukatz untrennbar mit den schönsten Erinnerungen verbunden. Frühmorgens mit dem Fahrrad zum Büro und auf dem Weg eine Butterbreze und einen Cappuccino im Dukatz. Nachmittags an der Theke am Fenster sitzen, kleine Törtchen verkosten, dazu das SZ-Magazin lesen und dem Treiben zusehen.

156. TUSHITA TEEHAUS

LUDWIGSVORSTADT-ISARVORSTADT • *Klenzestraße 53*
tushita.eu • 089 18 975 594

Eine kleine Oase mit schier endloser Teeauswahl für alle Gemüts- und Lebenslagen, spannenden Kuchenkreationen und täglich wechselnden Bowls zum Mittag. Alles wird vegan und auf äußerst schickem Geschirr serviert.

159.

158.

162.

157. NIKOS GRIECHISCHE SPEZIALITÄTEN

LUDWIGSVORSTADT-ISARVORSTADT
Baaderstraße 35 • nikos-laden.de
089 18 955 586

Nikos ist im Viertel eine Legende und er ist derart herzlich, freundlich und lebenslustig, dass es sich allein um seinetwillen schon lohnt, in diesem kleinen griechischen Tante-Emma-Laden auf einen Espresso vorbeizukommen. Die mit Ziegenkäse gefüllten Bifteki zu Mittag sind ebenfalls hervorragend.

158. ALOF & CARROUX

LUDWIGSVORSTADT-ISARVORSTADT
Hans-Sachs-Straße 12 • 089 37 955 694

Hier wird selbst gebacken und so duftet und schmeckt es auch. Die Brezn gehören zu den besten in München, die kleinen Zitronenkuchen oder Franzbrötchen sind herrlich, der Kaffee ein Genuss. Also am besten zum Frühstück herkommen und alles der Reihe nach durchprobieren.

159. WAGNERS – JUICERY & HEALTH FOOD

LUDWIGSVORSTADT-ISARVORSTADT
Fraunhoferstraße 43 • wagnersjuicery.com

Nur einen Katzensprung von der Isar entfernt, steht hier alles im Zeichen der angesagten Superfoods. Mit Smoothies, Bowls und einem reichen Kaffeeangebot stärkt sich der gesundheitsbewusste Münchner nach dem Isar-Spaziergang.

160. GANGUNDGÄBE

LUDWIGSVORSTADT-ISARVORSTADT
Kapuzinerstraße 12 • gangundgaebe.de
089 55 278 343

Andi, der passionierte Café-Inhaber im gangundgäbe versteht sein Handwerk und legt nicht nur viel Wert auf den Geschmack in der Tasse, sondern auch auf die nachhaltige faire Herkunft der Bohnen und die Röstung im eigenen Haus.

161. DAS MARIA

LUDWIGSVORSTADT-ISARVORSTADT
Klenzestraße 97 • dasmaria.de

Das Maria ist der Frühstücksklassiker „with a twist". Hier trifft Abend- auf Morgenland und so locken neben einem ehrlichen Strammen Max auch French Toast mit Kardamom und Granatapfelkernen oder Kichererbsen-Omelette. Ein Plus für Familien ist der große Spielplatz gegenüber. Noch dazu ist die Lage ideal für einen anschließenden Spaziergang durchs Viertel oder über den Alten Südfriedhof.

162. LAMINGTONS BAKERY

MAXVORSTADT • Schleißheimer Straße 96
lamingtons.business.site • 0157 73 608 221

Am Josephsplatz liegt diese australische Bäckerei, in der unter anderem die namensgebenden Lamington Biskuittörtchen gebacken werden. Perfekt für Frühstück oder eine süße Pause am Nachmittag.

165.

168.

SAVE THE WORLD AND READ BOOKS

167.

163. MORSO

MAXVORSTADT • Nordendstraße 17
morso-cafe.de • +49 171 3 075 466

Wer zum Shoppen auf der Barerstraße bei A Kind Of Guise, Iki M. und Gerdisman unterwegs ist, dem seien hier die exzellenten selbst gebackenen Croissants im Morso empfohlen.

164. MARY'S COFFEE CLUB

MAXVORSTADT • Türkenstraße 86A
maryscoffeeclub.de • 089 54 029 717

Eines der neuesten Schmuckstücke in der Münchner Café-Szene ist Mary's Coffee Club. Das Interieur lässt keinen Wunsch des modernen Ästheten unerfüllt: Marmortische, Leuchtschriften, Messing, bunte Kachelwände und anmutig servierte Bowls und Toasts. Ein Frühstückstraum!

165. CAFÉ JASMIN

MAXVORSTADT • Steinheilstraße 20
cafe-jasmin.com • 089 45 227 406

Rüschengardinen, Samtsessel und Motivtapete, hier sind die 50er noch lebendig. Das Café Jasmin samt seiner denkmalgeschützten Einrichtung ist eine Institution und war sogar schon einmal Star in einem München-Tatort.

166. CAFÉ LOTTI

MAXVORSTADT • Schleißheimer Straße 13
cafe-lotti.lotti-muenchen.de • 089 61 519 197

Inhaber Sabrina Lorenz hat sich mit dem Café Lotti direkt nach dem Abitur im Jahre 2009 einen Traum erschaffen. Die Passion für die Sache spürt man sowohl in dem großartigen rosa Interieur als auch bei den leckeren Frühstücksmenüs. Auch super für Kaffee & Kuchen am Nachmittag.

167. LOST WEEKEND

MAXVORSTADT • Schellingstraße 3
lostweekend.de • 089 28 701 881

Im Lost Weekend kommen viele gute Dinge zusammen: ein veganer Coffeeshop mit Co-Working-Space, eine Magazin-Buchhandlung und Live-Musik-Events. Durch die Nähe zur Uni wird es hier gern mal voller.

168. CAFÉ IM VORHOELZER FORUM

MAXVORSTADT • Arcisstraße 21
0163 1 524 758

Auch wenn das Café mit dem großartigen Panoramablick über München schon lange kein Geheimtipp ist, so vermittelt zumindest der Weg dorthin, durch die verschachtelten Gänge des TU-Gebäudes, das Gefühl etwas zu entdecken. Die Dachterrasse ist sowohl für Frühstück als auch für einen Sundowner zu empfehlen.

172.

169. CAFÉ VON & ZU

MAXVORSTADT • *Luisenstraße 22*
089 54 573 905

Inhaber Antonio von Schirnding hat ein Faible für Antiquitäten und entsprechend urig und gemütlich ist sein Café. Der Espresso kommt stilecht aus einer über 70 Jahre alten Kaffeemaschine. Der perfekte Ort für eine Ruhezeit zwischen den Pinakotheken, dem Ägyptischen Museum und dem Lenbachhaus.

170. ELLA

MAXVORSTADT • *Luisenstraße 33*
ella-lenbachhaus.com • 089 70 088 177

Nach dem Museumsbesuch im Lenbachhaus sind wir zum Lunch im Ella. Bei schönem Wetter sitzen wir draußen und bewundern die für München so progressive und kontrastreiche Architektur des Lenbachhauses mit dem großartigen goldenen Neubau von Forster + Partners.

171. CAFÉ IM KIOSK

SCHWABING • *Gunezrainerstraße 6*
089 33 066 092

Dieser kleine Kiosk ist für uns oft die Rettung, denn hier kann man sich eine Brotzeit für das anschließende Picknick im Englischen Garten zusammenstellen. Hier gibt es Hausgekochtes und -gebackenes ebenso wie Getränke, Magazine und was man sonst so für einen Urlaubssonntag so braucht (wir rauchen zwar nicht, aber Zigaretten werden hier auch einzeln verkauft).

172. TAGESCAFÉ SCHWABING

SCHWABING • *Hohenzollernstraße 41*
tagescafe-schwabing.de • 089 99 948 000

Wer auf der Hohenzollernstraße zum Einkaufen unterwegs ist (beispielsweise im Dear Goods), findet hier einen stilvollen und gemütlichen Ort für eine erholsame Auszeit.

173. STANDL 20

SCHWABING • *Elisabethplatz • standl20.de*
089 45 231 425

Der liebenswerte Elisabethmarkt ist ohnehin schon ein erlebenswertes Stück Schwabing. Im Standl 20 sind die Kaffee-Experten zu Hause. Es ist nicht das erste Café der beiden Inhaber Paul und Johannes, doch hier treiben sie den Kaffeegenuss auf die Spitze: Bohnen aus eigener Röstung, Aeropress oder French Press, kein Wunsch bleibt unerfüllt.

174. FORTUNA CAFÉBAR

AU-HAIDHAUSEN • *Sedanstraße 18*
fortuna-cafebar.de • 089 18 922 823

Trotz seiner Nähe zum Franzosenviertel fühlt man sich hier wie in Italien. Herzstück ist der alte Holztresen, auf dem die selbst gebackenen Kuchen thronen. Darüber verrät die „Listino Prezzi" das Kaffeeangebot. Ob ein Panino für den kleinen Hunger oder der ausgewachsene Sonntagsbrunch (nicht in den Sommermonaten), im Fortuna wird jeder satt und glücklich. Certo!

175. CAFÉ RUFFINI

NYMPHENBURG NEUHAUSEN • *Orffstraße 24*
ruffini.de • *089 161 160*

Das Ruffini lebt und handelt seit der Eröffnung 1978 nach dem Kollektivprinzip, bei dem Entscheidungen im besten Fall als Konsens zwischen den 26 Miteigentümern getroffen werden. Das scheint hier erstaunlich gut zu funktionieren, denn die Kuchentheke ist in München legendär, das Frühstück ausgezeichnet und wenn man den Tag einfach vorbeiziehen lässt, bekommt man am Abend ausgezeichnete Weine und ein mediterranes Dinner.

176. CAFÉ BLÁ

AU-HAIDHAUSEN • *Lilienstraße 34*
cafebla.de • *089 12 263 037*

Ein kleines Stück Island in der Au. Das Café Blá (sprich: Blau) mag von außen nordisch kühl anmuten, drinnen füllen Stephanie Bjarnason und ihr internationales Team das schmucke Ladenlokal mit viel Wärme. Der Klassiker sind die hausgemachten Waffeln mit süßem oder herzhaftem Topping, ein frisch gebackener Skyr-Kuchen und im Sommer dazu ein spritziger Espresso-Tonic.

178.

179.

178.

177. IUNU

AU-HAIDHAUSEN • Wörthstraße 30
iunu-kochwerkstatt.de • 089 54 809 498

Als wäre man bei Freunden eingeladen – so fühlt es sich an, wenn man von Asha aus der offenen Küche mit riesigen Tellern voller vegetarischer Leckereien versorgt wird. Ist der Platz im beliebten Tageslokal mal wieder knapp, nimmt man sich das Essen einfach mit und setzt sich gemütlich gegenüber auf den Bordeauxplatz.

178. HENRY HAT HUNGER

AU-HAIDHAUSEN • Zeppelinstraße 27
henryhathunger.de

Das Henry hat Hunger in Haidhausen gehört zu den kleinsten Cafés in München und konzentriert vieles, was wir an Cafés lieben, auf diesem kleinen Raum: eine passionierte herzliche Inhaberin, Plätze in der Sonne, leckeres Frühstück, selbst gebackene Kuchen und guten Kaffee. Es liegt nahe der Isar und ist immer einen kleinen Umweg wert.

179. SHOTGUN SISTER

GIESING • Deisenhofener Straße 40
shotgunsister.com • 089 26 010 730

Wir haben sieben Jahre in Obergiesing gelebt und geliebt. Die Gentrifizierung kommt hier nur sehr allmählich voran und so gibt es hier wenige, dafür absolut wunderbare Lieblingsorte. Unweit unseres Lieblingsrestaurants Der Dantler

befindet sich das Café Shotgun Sister. Inhaberin Katharina Böttger verwirklicht sich hier ausdrucksstark mit einer kreativen gesunden Frühstückskarte. Unser Tipp: danach am besten direkt zu unserem Lieblingsfriseur David Fechner, vielleicht auch nur für ein Bier und zum Bart schneiden.

180. BEAN BATTER

SCHWANTHALERHÖHE
Schwanthalerstraße 123 • bean-batter.de

Ganz neu hat das bean batter im Westend in direkter Nähe zur klassischen Café-Institution Marais eröffnet. Mit den tollen belgischen Waffeln und dem erstklassigen Kaffee-Know-How finden wir hier ein sehr überzeugendes Frühstückslokal. Inhaber Paul von Tettenborn besitzt ebenfalls das sympathische Standl 20 auf dem Elisabethmarkt.

181. MARAIS

SCHWANTHALERHÖHE • Parkstraße 2
cafe-marais.de • 089 50 094 552

Ein Hauch Paris weht durchs Westend, seit dieses pittoreske Laden-Café in das ehemalige Textilwarenhaus an der Parkstraße eingezogen ist. Das übernommene Mobiliar ist noch original aus den 20ern und wenn man bei Café au Lait und Tarte Tatin in einem der Erkerfenster sitzt, kommt der passende Soundtrack im Kopf unweigerlich von Yann Tiersen.

185.

Bäckereien

182. CONFISERIE CONDITOREI ERTL

ALTSTADT • *Heiliggeiststraße 1*
cafe-ertl.de • *089 12 762 128*

183. KARNOLL

ALTSTADT • *Viktualienmarkt 6*
karnoll-standl.de

184. HOFPFISTEREI

ALTSTADT • *Blumenstraße 1*
hofpfisterei.de • *089 263 569*

185. BOULANGERIE DOMPIERRE

MAXVORSTADT • *Tengstraße 31*
dompierre.de

185.

186. TANPOPO KONDITOREI CAFÉ

MAXVORSTADT • *Maillingerstraße 6*
tanpopo-cafe.de • *089 52 055 757*

187. NEULINGER

AU-HAIDHAUSEN • *Wörthstraße 17*
baeckerei-neulinger.de • *089 62 286 742*

188. OBORI

AU-HAIDHAUSEN • *Lothringer Straße 15*
089 44 142 666

189. FRITZ MÜHLENBÄCKER

AU-HAIDHAUSEN • *Rablstraße 38*
fritz-muehlenbaeckerei.de

193.

Eis

190. EISCAFÉ EISMEER

LUDWIGSVORSTADT-ISARVORSTADT
Pestalozzistraße 21 • daseismeer.de
089 37 960 797

191. DOMORI

LUDWIGSVORSTADT-ISARVORSTADT
Kapuzinerstraße 43 • domori-eis.de
089 20 062 545

195.

192. DER VERRÜCKTE EISMACHER

MAXVORSTADT • *Amalienstraße 77*
089 55 890 266

193.

193.

192.

193. BALLABENI ICECREAM

MAXVORSTADT • *Theresienstraße 46* • *ballabeni.com*
089 18 912 943

194. IL GELATO ITALIANO

MAXVORSTADT • *Augustenstraße 83*
il-gelato-italiano.com

195. TRUE & 12 HANDMADE ICE CREAM

AU-HAIDHAUSEN • *Rosenheimer Straße 14*
trueand12.com • *089 89 043 323*

195.

196. EISCAFÉ VENEZIA

NYMPHENBURG NEUHAUSEN • *Rotkreuzplatz 8*
eiscafe-venezia-muenchen.de • *089 132 004*

197. EISKONDITOREI SARCLETTI

NYMPHENBURG NEUHAUSEN
Nymphenburger Straße 155 • *sarcletti.de*
089 155 314

7. Shops

In München kann man ganz fabelhaft shoppen und dies sehr komprimiert zu Fuß, da sich vieles um die Innenstadt zentriert. Auf den folgenden Seiten verraten wir unsere Lieblingsläden … ein bunter Mix aus individuellen, unabhängigen Shops, interessanten Concept Stores, Boutiquen, in denen man gern Geld ausgibt, und traditionsreichen Kaufhäusern für die schönste Einkaufstour der Stadt.

> „Das Schönste im Leben ist kostenlos.
> Das zweitschönste ist ziemlich teuer."
> – Coco Chanel

Münchner
Schmuckdesigner

198. PATRIK MUFF

ALTSTADT • *Ledererstraße 10* • *patrikmuff.com*

Das Atelier Muff nimmt für uns immer eine ganz besondere Stellung ein, denn hier haben wir den Verlobungsring für Tanja, unsere Eheringe und das Geburtsgeschenk für Tanja bei der Geburt unseres ersten Sohns Jonathan gekauft. Nirgendwo ist der Service persönlicher und der Schmuck extravaganter.

SCHMUCK VON PATRIK MUFF

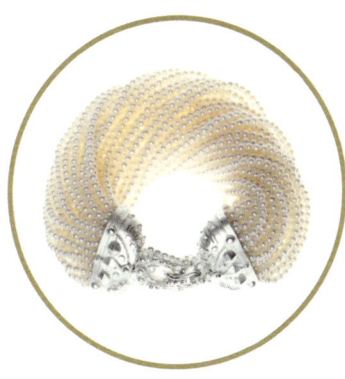

199. COCII JEWELLERY
LUDWIGSVORSTADT-ISARVORSTADT
Corneliusstraße 12 • cocii.de

200. ALMSTADT
LUDWIGSVORSTADT-ISARVORSTADT
Reichenbachstraße 25 • almstadt-schmuck.de

201. SASKIA DIEZ
LUDWIGSVORSTADT-ISARVORSTADT
Geyerstraße 20 • saskia-diez.com

Wir freuen uns, dass Saskia als Soulmate Teil des Buches geworden ist und ihre Lieblingsorte mit uns teilt. Als avantgardistische und international bekannte Schmuckdesignerin trägt sie München in die Welt. Ihr kleines Atelier am Glockenbach ist unbedingt einen Umweg wert.

202. FRIDA'S SCHMUCK
SCHWABING • Herzogstraße 85 • frida-design.de

203.

2

203.

206.

2

203.

203.

203. SOIS BLESSED

ALTSTADT • Prannerstraße 10
soisblessed.com

Das SOIS BLESSED soll nicht nur ein weiterer Concept Store sein, sondern ein besonderer Ort der Begegnung, der Inspiration und der Werte. Dies gelingt mit einer tollen Auswahl an Produkten wie Kleidung, Accessoires, Blumen und einem sehr stilvollen Café. Hier kann man shoppen und junge Nachwuchsdesigner entdecken, frische Blumen kaufen, in der coolen Tagesbar einen Espresso genießen oder mit der Non-Profit-Kollektion die Hope School in Südafrika unterstützen. Ein somit absolut gelungener Lieblingsort in München!

204. ED MEIER

ALTSTADT • Brienner Straße 10 • edmeier.de
Der klassische Männermodeladen von Ed Meier war vormalig der königlich bayerische Hoflieferant. Noch heute spürt man die Ehrwürden und den Charme eines betagten Gentlemans, wenn man den edlen Dielenboden entlangspaziert. Wenn es nicht gleich eine komplette Ausstattung sein darf, dann unbedingt zumindest eine Krawatte oder ein Einstecktuch als neues Münchner Lieblingsstück kaufen.

205. SCHWITTENBERG

ALTSTADT • Salvatorplatz 4
schwittenberg.com

Seit Langem einer unserer Lieblingsläden in München, der mit einer einzigartigen Auswahl an Marken und Produkten begeistert. Von Acne, Maison Margiela, Comme des Garçons, Isabel Marant bis Saskia Diez findet man hier viele Designer, die das Modeherz höher schlagen lassen. Für Damen, Herren, Kinder und Geschenke ist es der perfekte Laden, um die gesamte Familie glücklich zu machen.

206. SUNDAY IN BED

SCHWABING • Ainmillerstraße 28
sundayinbed.de

Die mit Abstand gemütlichsten und schönsten Pyjamas, die man gar nicht mehr ausziehen möchte. Zusätzlich findet man hochwertige Bettwäsche und Möbelstücke. Der Laden ist kürzlich umgezogen an den wunderschönen St. Anna Platz.

207. MOHRMANN BASICS

AU-HAIDHAUSEN • Innere Wiener Straße 50
nicolemohrmann.com

Leo-Muster, Ethno-Stickereien, Pailletten und poppige Prints – in Nicole Mohrmanns Boutique am Wiener Platz spürt man den Spaß an Fashion und Farbe. Neben Mode und Accessoires führt sie auch hübsche Dekoartikel und wer möchte, wird dazu von ihr und ihren Kolleginnen äußerst hilfsbereit beraten.

208.

211.

211.

211.

211.

208. THERESA.

ALTSTADT • Maffeistraße 3
store.mytheresa.com

Von Balmain bis Versace, von Acne bis Yeezy – wer High End Designer Fashion sucht, ist hier auf halbem Weg zwischen Marienplatz und Maximilianstraße goldrichtig. Bestens beraten, vergeht auf den drei stylish möblierten Etagen die Zeit wie im Flug und nach Ladenschluss kann es im riesigen Online-Shop direkt weitergehen.

209. MEINDL

ALTSTADT • Am Kosttor 1
meindl-munich.com

Die Lederhosen-Manufaktur aus Kirchanschöring zählt den FC Bayern und Arnold Schwarzenegger zu ihren Kunden. Im exklusiven Geschäft zwischen Nationaltheater und Hofbräuhaus kann sich der Herr zwischen allerhand Modellen von „Gamskogel" bis „Kaiser Franz Urform", dem Rolls-Royce unter den Lederhosen, entscheiden. Einige werden gar nur auf Bestellung maßgefertigt und kosten ein kleines Vermögen. Aber dieses Trachten-Kleinod hat man schließlich für die Ewigkeit.

210. GROSS REAL WEAR

ALTSTADT • Ledererstraße 2 • gross-muc.de

Retro, Rockabilly und Red Wings. Bei Stefan Gross finden Herren mit einem Faible für Classic US-Brands auch authentische Reproduktionen aus dem letzten Jahrhundert. Hemden von Pendleton und Levi's Vintage Jeans, hochwertige Ledergürtel und Hüte von Borsalino oder Stetson gibt es hier genauso wie die üblichen Verdächtigen von Dickies, Vans, Converse und Co.

211. WEISSGLUT CONCEPT STORE

ALTSTADT • Hackenstraße 1 • 2. Adresse:
Hohenzollernstraße 8 • weissglut-shop.de

Hier kommt man immer wieder gern vorbei, um sich inspirieren zu lassen oder um für sich und die Liebsten neue Wohnaccessoires zu erstehen. Alles ist hell, einladend und skandinavisch anmutend. Von Geschirr, über Schmuck, bis hin zu Karten und anderen schönen Dingen – hier wird man schnell fündig.

212. F. S. KUSTERMANN

ALTSTADT • Viktualienmarkt 8
kustermann.de

Kustermann ist gewissermaßen die Mutter aller Concept Stores in München. Im Jahre 1861 begann die Geschichte des Hauses als Eisenwarengeschäft mit Sensen, Schaufeln und Nägeln. Die gibt es auch heute noch zu kaufen, aber zudem die schönsten Dinge des Alltags und alles, um seine liebsten Gäste gebührend zu empfangen und zu verwöhnen.

213. SCHRANNENHALLE

Eataly • ALTSTADT • Viktualienmarkt 15
eataly.net

Der Münchner Getreidemarkt fand bis 1854 auf dem heutigen Marienplatz (damals Schrannenplatz) statt. Ab diesem Zeitpunkt übernahm die Schrannenhalle am Viktualienmarkt diese Funktion, woher sie auch ihren heutigen Namen hat. Seit 2015 befindet sich das italienische Feinkostgeschäft Eataly in diesem geschichtsträchtigen Bau. Für ein Mittagessen sind das Restaurant und die kleinen Stände sehr zu empfehlen.

214. SODA.

ALTSTADT • Rumfordstraße 3
sodabooks.com

In der Magazinhandlung soda. ticken die Uhren anders: Einmal im Laden angekommen, schreitet man von Regal zu Regal, durchstöbert die grandiose Auswahl an internationalen Magazinen zu US-Popkultur, Tätowierungen, Schwarz-Weiß-Fotografien oder Abenteuerreisen in Patagonien und vergisst die Zeit und die Welt um sich herum. Ein absoluter Lieblingsort.

215. KAUF DICH GLÜCKLICH

MAXVORSTADT
Schellingstraße 23
kaufdichgluecklich-shop.de

Der wohl beliebteste Concept Store Münchens (zweimal am Gärtnerplatz, einmal im Uni-Viertel) ist die Anlaufstelle für hippe und erschwingliche Skandi-Labels. Mode, Schmuck, ausgewählte Pflegeprodukte, Wohnaccessoires und Bücher, hier lässt es sich herrlich stöbern. Wer ein Last-Minute-Geschenk sucht, wird garantiert immer fündig.

216. VERDI SÜPERMARKET

LUDWIGSVORSTADT-ISARVORSTADT
Landwehrstraße 46–48 • verdi-supermarket.de

Wir empfehlen dringend einen Besuch des Areals um den Hauptbahnhof, in dessen Zentrum der Lebensmittelhändler Verdi liegt. Das Viertel hat eine ganz eigene Dynamik. Hier gibt es den besten Döner Münchens. Also am besten einen Döner auf die Hand, das Viertel erkunden und eine Sportwette machen!

217. LITERATUR MOTHS

LUDWIGSVORSTADT-ISARVORSTADT
Rumfordstraße 48 • li-mo.com

Eine gute Buchempfehlung kann ein Leben verändern. Bei Moths haben wir im Laufe der Jahre viele wunderbare Bücher entdeckt und empfohlen bekommen. Auch einige unserer Soulmates haben ihn zum Lieblingsbuchladen auserkoren. Viel Vergnügen beim stöbern!

221.

220.

218. TINT

LUDWIGSVORSTADT-ISARVORSTADT
Klenzestraße 22 • tint-store.com

Nur einmal vom Gärtnerplatz abbiegen und man landet direkt im Turnschuh-himmel. Neben den Sneaker-Klassikern von Adidas, Nike oder Converse findet sich hier auch sportliche Streetwear mit Retroflair.

219. SCHUH BERTL

LUDWIGSVORSTADT-ISARVORSTADT
Kohlstraße 3 • schuh-bertl.de • 089 297 162

Bei unserem ersten Besuch bei Schuh Bertl hat uns dieser reizende Duft nach Leder und Schuhcreme in dieses traditionsreiche Lederschuh-Fach-geschäft gelockt. Hier findet man wahres Handwerk und hier hat Chris sein erstes Paar rahmengenähte Lederstiefel erstanden.

220. PALMA KUNKEL ANTIQUITÄTEN

LUDWIGSVORSTADT-ISARVORSTADT
Fraunhoferstraße 5

Bei Palma Kunkel findet man allerlei Kurioses, Schönes und Unnützes. Wir haben damals unsere beiden Schmetter-lingskästen hier erstanden, die uns nun schon seit vielen Jahren begleiten und uns täglich erfreuen.

221. NOH NEE

LUDWIGSVORSTADT-ISARVORSTADT
Hans-Sachs-Straße 2 • nohnee.com

Der Laden von unserer Local Soulmate Rahmée Wetterich und ihrer Partnerin Marie Darouiche. Hier finden alle ein Dirndl, die nie eines tragen wollten. Unikate, strahlende Farben, kunstvolle Muster und Stickereien auf afrikani-schen Stoffen, kombiniert mit traditio-nellen, bayerischen Dirndl-Schnitten – dafür steht NOH NEE. Durch diesen unvergleichlichen Mix entsteht ein neuer Blick auf Tracht und es macht den nächs-ten Wiesn-Besuch noch farbenfroher.

222. OPTIMAL RECORDS

LUDWIGSVORSTADT-ISARVORSTADT
Kolosseumstraße 6 • optimal-records.de

Seit 1982 bewegt sich der Plattenladen am Puls der Zeit. Neben privaten Vinyl-liebhabern schätzt auch die DJ-Szene das Angebot an Indie und Hip Hop, In-dustrial, Punk und Wave. Dazu gibt es Bücher, Magazine und inzwischen auch Wein. Wer sich hungrig geshoppt hat, auf den wartet ums Eck eine Stärkung im Fei Scho.

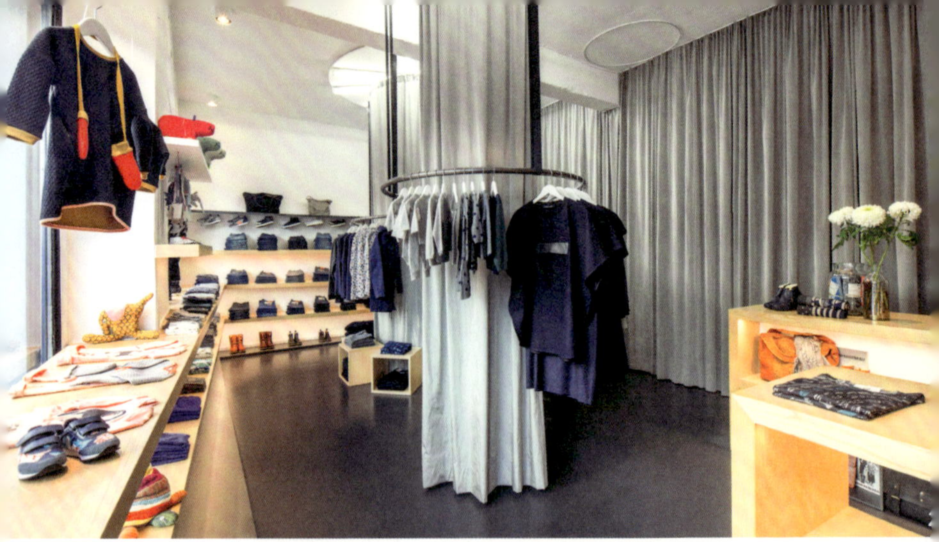

224.

ABOUT
GIVEN
ORGANIC WEAR

227.

SAMS & SON
www.alte-koffer.de
089 - 201 57 35

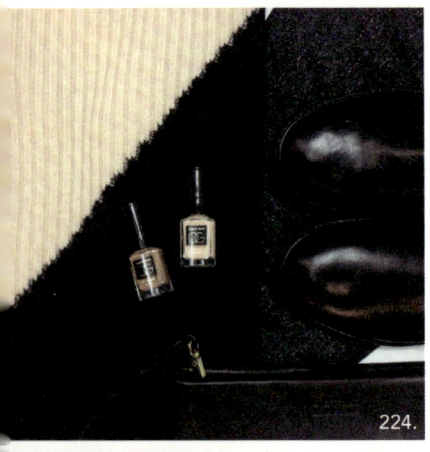

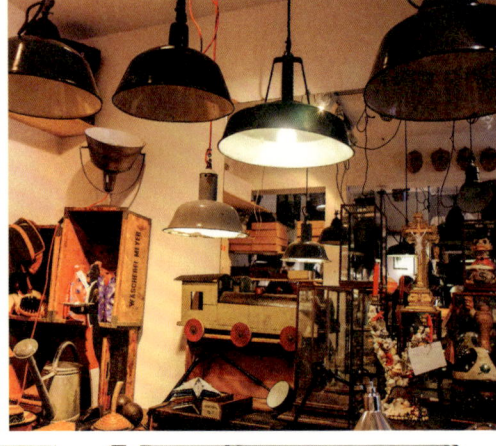

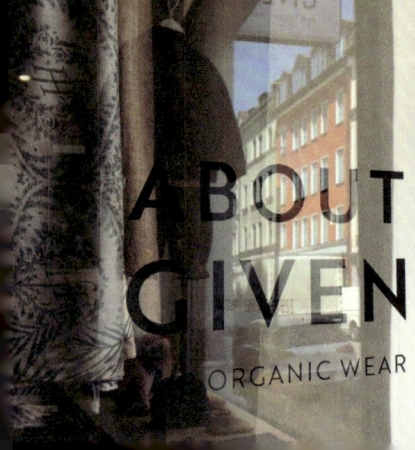

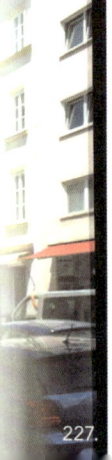

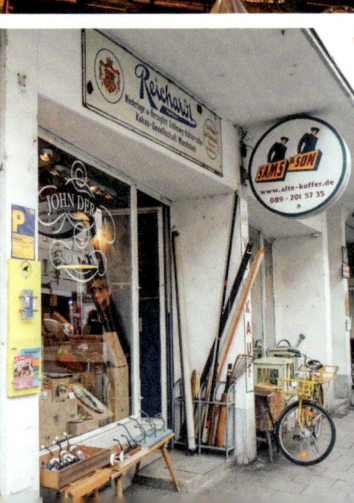

223. RUBY STORE

LUDWIGSVORSTADT-ISARVORSTADT
Reichenbachstraße 37 • ruby-store.com

Draußen grüßt ein leuchtend gelber Smiley und drinnen dann nicht Ruby, sondern Inhaberin Mary, die mit ihrem Laden einen echten Hot-Spot für trendy Designerware geschaffen hat. Lederjacken von Acne, Statement Sweater von Anine Bing, Hope Jeans und Schmuck von Saskia Dietz lassen das modebegeisterte Herz höherschlagen.

224. SAMS & SON

LUDWIGSVORSTADT-ISARVORSTADT
Fraunhoferstraße 23

Der passionierte Inhaber Pierre war gerade auf dem Sprung nach Japan, um neue Kimonos für seinen Popup Store in seinem Laden einzukaufen, aber er hat mir noch schnell die Öffnungszeiten verraten: Freitagnachmittag, Samstag und Montag oder nach Vereinbarung. Ansonsten ist Pierre viel unterwegs, um neue Schmuckstücke aufzuspüren. Es gibt nicht nur tolle Vintage-Möbel und alte Hermès- und Louis-Vuitton-Reisekoffer, sondern einzigartige ökologische Einrichtungsgegenstände. Aber dazu mehr Geschichten bei Pierre persönlich.

225. ROCKET.

LUDWIGSVORSTADT-ISARVORSTADT
Reichenbachstraße 41 • rocket-store.de

Nach zehn Jahren Fokus auf skandinavische Streetwear hatte Inhaberin Kirsten eine neue Idee. Das bunte Sortiment aus Mode- und Home-Accessoires wechselt nun viel öfter. So kommen ständig neue Marken zum Zug, mal wöchentlich, mal monatlich. Und dazu gibt es jetzt auch einen Kaffeestand im Shop, inklusive duftender Zimtschnecken.

226. RALF'S FINE GARMENTS

LUDWIGSVORSTADT-ISARVORSTADT
Fraunhoferstraße 29 • ralfsfinegarments.com

Wir haben selten eine derartig schön kuratierte Auswahl an Männermode gefunden wie bei Ralf. Die Preise sind zwar ziemlich stolz, aber die Beratung ist professionell, stilsicher und jeden Cent wert.

227. ABOUT GIVEN

LUDWIGSVORSTADT-ISARVORSTADT
Baaderstraße 55 • aboutgiven.de

Durch die Baaderstraße spaziert man am besten im Zick-Zack-Modus, um auch keinen der zahlreichen Läden zu verpassen. Die Hausnummer 55, der ehemalige „glore" Store, steht auch unter neuem Namen weiterhin für hochwertige, fair produzierte Fashion für Damen, Herren und Kinder, die nicht nur modischen sondern auch ökologischen Ansprüchen genügt.

229.

229.

230.

228. KIOSK REICHENBACH-BRÜCKE

LUDWIGSVORSTADT-ISARVORSTADT
Fraunhoferstraße 46 • kiosk-muenchen.de

Eine der wichtigsten Institutionen in München ist der Kiosk an der Reichenbachbrücke. In München gibt es keinen Späti, dafür diesen Kios direkt an der Isar, der rund um die Uhr geöffnet ist.

229. IKI M.

MAXVORSTADT • Adalbertstraße 45
iki-m.de

Iki M. steht wie schon vor zehn Jahren für hochwertige Eco Fashion, Vintage-Mode und Style aus Leidenschaft. Die Bio-Mode umfasst vor allem die beiden Label Armedangels mit modischen Basics für Frauen sowie Nudie Jeans mit Streetwear für Männer.

230. A KIND OF GUISE

MAXVORSTADT • Adalbertstraße 41 B
akindofguise.com

Das Label unserer Local Soulmates Yasar Ceviker und Susi Streich steht für unkomplizierte Schnitte und Qualität. Alle Kleidungsstücke und Accessoires werden aus hochwertigen Materialien in deutschen Manufakturen hergestellt. Mit Abstand eines der spannendsten Labels aus Deutschland - und das in München!

Die Marke A Kind of Guise entstand 2009 aus der Idee heraus, Kleidung zu entwerfen, die zeitgemäßes Design mit bestmöglichen Materialien und höchster Handwerkskunst vereint. Von Beginn an wurden die A Kind of Guise Produkte ‚Made in Germany' und in limitierten Stückzahlen in Zusammenarbeit mit ausgewählten lokalen Herstellern gefertigt.

231. THE SECOND GERDISMANN

MAXVORSTADT • Barer Straße 74
thesecond-gerdismann.de

Früher gehörte dieser tolle Vintage-Laden für Männer der lieben Gerdi, einer Ur-Münchnerin, wie sie im Buche steht. Gerdi ist gegangen und verkauft nun Vintage-Möbel in der Altstadt, aber das Geschäft ist weiterhin eine super Empfehlung.

232. HEIMLICH LAUT

MAXVORSTADT • Theresienstraße 63
heimlich-laut.de

Direkt an der Theresienwiese haben Christoph, Petra und Nepomuck ihren Laden für Fair Fashion eröffnet. Das Trio achtet bei der Markenauswahl auf Transparenz, um Nachhaltigkeit, faire Arbeitsbedingungen und Qualität gewährleisten zu können.

237.

234.

234.

NIA.BAZAR

233. OHNE SUPERMARKT

MAXVORSTADT • *Schellingstraße 42*
ohne-laden.de

Hier wird das Thema Nachhaltigkeit konsequent zu Ende gedacht. Hier gibt es ausschließlich Produkte aus nachhaltiger, biologischer und möglichst regionaler Erzeugung. Und zwar OHNE Verpackung. Dafür müssen eigene Behälter und Beutel mitgebracht werden, die vor dem Einkauf gewogen werden.

234. NIA. PRÊT-À-PORTER

MAXVORSTADT • *Türkenstraße 35*
nia-carrousel.de

Dieser hübsche, helle, immer liebevoll dekorierte Laden führt hauptsächlich französische und skandinavische Fashion u. a. von Sessùn, ba&sh oder Beck Söndergaard. Ein paar Häuser weiter findet man beim zugehörigen NIA. BAZAR dann gleich noch die passenden Home-Accessoires.

235. BEAN STORE

MAXVORSTADT • *Theresienstraße 25*
bean-store.de

Der Bean Store in der Maxvorstadt führt eine gehobene, sehr schöne Auswahl an Accessoires, Schmuck und Parfums von größeren und kleinen, weniger bekannten Lieblingsmarken. Von hier ist es ein Katzensprung in die Türkenstraße, wo man weitere süße Cafés und Läden findet.

236. GALORE#

SCHWABING • *Belgradstraße 47*
storegalore.de

Sabine Pfefferer hat hier in Schwabing ihren eigenen sehr persönlichen Concept Store mit Coffeeshop eröffnet. Es gibt neben Münchner Naturkosmetik auch Yogabedarf von Manduka, trendige Taschen von PAD und Sonnenbrillen von IZIPIZI. Hier findet man also alles, was man eigentlich doch gar nicht gesucht hat. Oder eben doch. Guten Kaffee, ein Stück Kuchen und eine Auswahl an Büchern und Magazinen zum Stöbern gibt es auch noch.

237. FALKENBERG CONCEPT STORE

SCHWABING • *Franz-Joseph-Straße 21*
falkenberg-muenchen.com

Ein kleiner Geheimtipp für Interieur-Liebhaber mit schönen Möbelstücken, aber auch köstlichen Süßigkeiten, handgefertigten Kerzen, erlesenen Düften, ausgewählten Büchern, Vinyl und nicht zu vergessen Mode. Hier findet man das perfekte Geschenk für sich, Freunde und Familie und häufig auch gute Beratung.

224.

Jeder, der sich die Fähigkeit erhält, Schönes zu erkennen, wird nie alt werden.

— Franz Kafka

238. DEARGOODS

LUDWIGSVORSTADT-ISARVORSTADT •
Am Glockenbach 12
deargoods.com

Einkaufen ohne schlechtes Gewissen kann man inzwischen in drei Dear-Goods-Shops in München. Lässige Mode, Bio-Kosmetik und Kleinigkeiten für die Wohnung, alles ist nicht nur fair gehandelt, sondern auch vegan und genügt somit höchsten ethischen Ansprüchen. Punkte für's Karma-Konto!

239. MACY

AU-HAIDHAUSEN • *Johannisplatz 20*

Seit 20 Jahren kuratiert die gelernte Kostümbildnerin Barbara Dockhorn mit viel Leidenschaft und Sachverstand Vintage-Kleidung, Taschen und Schuhe. In ihrem großzügigen Eckladen hängen Schätze von Traditionshäusern wie Armani oder Prada neben neuen Designer Labels wie Acne oder lala Berlin, und das ganz ohne den für Second Hand Shops oft typischen Geruchmix aus Muff und Mottenkugeln.

240. HIER STORE

AU-HAIDHAUSEN • *Innere Wiener Straße 24*
hier.studio

Haidhausens Anti-Boutique im allerbesten Sinne ist Concept Store und Gemeinschaftsatelier in einem. Selten sahen unfertige Wände stilvoller aus. Es gibt lässige, erschwingliche Klamotten, Taschen und Accessoires fürs Zuhause, überwiegend von lokalen Labels und Designern, dazu faire Bio-Kosmetik und coole Kindermode.

241. THE LOVELY CONCEPT

AU-HAIDHAUSEN • *Steinstraße 27*
thelovelyconcept.com

Der Concept Store von Marie-Charin ist ein wahres Schatzkistchen. In dem kleinen Laden gibt es verblüffend viel zu entdecken: Teppiche und Kissen aus Marrakesch, bunte Wohnaccessoires, Schreibwaren, Spielzeug und eine eigene Fashion-Kollektion ganz im angesagten Kufiya-Design. Das komplette Sortiment gibt es im zugehörigen Onlineshop.

242. HERRENABTEILUNG/ DAMENABTEILUNG

SCHWANTHALERHÖHE
Schwanthalerstraße 156

Dieser legendäre Vintage-Laden (für Männer und Frauen) gehört für uns zum Pflichtbesuch, wenn wir im Westend unterwegs sind. Im Marais und im bean batter gibt es grandioses Frühstück um die Ecke und Der Schwarze Dackel nebenan wartet für den ersten Drink am Abend.

8. Bars, Musik & Vergnügen

München war einmal die Partystadt schlechthin, auch bekannt als das „deutsche San Francisco". Vor allem in den 60er- bis 80er-Jahren gab es hier Clubs, die Geschichte geschrieben haben. Auch wenn die wilden 60er vorüber sind und München seitdem braver und konservativer geworden ist, so gibt es sie eben doch auch jetzt noch: jene Orte an denen man die Nacht genießen und feiern kann. Ob Jazz-Clubs oder Lesebühnen, Clubs oder Konzerthallen, schillernde Bars oder coole Kaschemme, Cocktailbar oder gediegene Zigarrenlounge, hier kommen unsere Favoriten.

München zelebriert den Genuss in jeglicher Hinsicht. Das große Angebot reicht von wild & laut bis romantisch & leise. So oder so, wir wünschen viel Freude mit unseren persönlichen Lieblingstipps.

„Die Nächte lehren viel, was die Tage
niemals wissen ..."
– aus Persien

247.

Bars

243. SCHUMANN'S BAR AM HOFGARTEN
ALTSTADT • *Odeonsplatz 6–7* • *schumanns.de*

244. BAR TABACCO
ALTSTADT • *Hartmannstraße 8* • *bartabacco.com*

245. ORY BAR
ALTSTADT • *Neuturmstraße 1* • *ory.bar*

246. NAGEUNDSAUGE
ALTSTADT • *Mariannenstraße 2* • *nageundsauge.de*

247. THE HIGH
ALTSTADT • *Blumenstraße 15* • *drinkourballs.de*

248. KULTURDACHGARTEN
LUDWIGSVORSTADT-ISARVORSTADT
Adolf-Kolping-Straße 10 • *kulturdachgarten.de*

249. POLKA
AU-HAIDHAUSEN
Pariserstraße 38 • *polka-polka.de*

250. ZEPHYR BAR
LUDWIGSVORSTADT-ISARVORSTADT
Baaderstraße 68 • zephyr-bar.de

251. THE FLUSHING MEADOWS
LUDWIGSVORSTADT-ISARVORSTADT
Fraunhoferstraße 32 • flushingmeadowshotel.com

252. MAROTO
LUDWIGSVORSTADT-ISARVORSTADT
Westermühlstraße 31 • bar-maroto.de

253. JAMES T. HUNT
MAXVORSTADT • Schellingstraße 32
jameshuntbar.com

254. MINNA THIEL
MAXVORSTADT • Gabelsbergerstraße 33

255. CAFÉ KOSMOS
MAXVORSTADT • Dachauer Str. 7
cafe-kosmos.de

256. CUCURUCU
MAXVORSTADT • Elisenstraße 5

257. GABÁNYI
MAXVORSTADT • Beethovenpl. 2
bar-gabanyi.de

258. ZUM JENNERWEIN
SCHWABING • Belgradstraße 27
zumjennerwein.de

259. BARROOM
AU-HAIDHAUSEN • Milchstraße 17
barroom-muenchen.de

260. ATTENTAT GRIECHISCHER SALAT
GIESING • Zugspitzstraße 10
attentatgriechischersalat.com

261. SCHWARZER DACKEL
SCHWANTHALERHÖHE
Schwanthalerstraße 158

262. BAR DU PORT
NYMPHENBURG NEUHAUSEN
Albrechtstraße 32

Clubs & Live-Musik

263. HARRY KLEIN
LUDWIGSVORSTADT-ISARVORSTADT
Sonnenstraße 8 • harrykleinclub.de

264. STROM
LUDWIGSVORSTADT-ISARVORSTADT
Lindwurmstraße 88 • strom-muenchen.com

265. BAHNWÄRTER THIEL
LUDWIGSVORSTADT-ISARVORSTADT
Tumblingerstraße 29

266. BOB BEAMAN
MAXVORSTADT • Gabelsbergerstraße 4
bobbeamanclub.com

267. MMA – MIXED MUNICH ARTS
MAXVORSTADT • Katharina-von-Bora-Straße 8A
mixedmunicharts.de

268. ROTE SONNE
MAXVORSTADT • Maximiliansplatz 5
rote-sonne.com

269. CHARLIE

GIESING • *Schyrenstraße 8* • *charl.ie*

270. UNTER DECK

ALTSTADT • *Oberanger 26*

271. CORLEONE-NEULAND

LUDWIGSVORSTADT-ISARVORSTADT
Sendlinger-Tor-Platz 7 • *corleone.cc*

272. FOLKS!

LUDWIGSVORSTADT-ISARVORSTADT
Thalkirchner Straße 2 • *munich-folks.com*

273. MILLA CLUB

LUDWIGSVORSTADT-ISARVORSTADT
Holzstraße 28 • *milla-club.de*

274. VALENTIN STÜBERL

LUDWIGSVORSTADT-ISARVORSTADT
Dreimühlenstraße 28 • *valentinstueberl.com*

275. JAZZCLUB UNTERFAHRT

AU-HAIDHAUSEN • *Einsteinstraße 42*
unterfahrt.de

276. AMPERE

AU-HAIDHAUSEN • *Zellstraße 4*
muffatwerk.de

277. ALTE UTTING

SENDLING • *Lagerhausstraße 15*
alte-utting.de

278. HIDE OUT

NYMPHENBURG NEUHAUSEN
Volkartstraße 22
hideout-muenchen.de

9. Hotels

Wir lieben Hotels mit Seele, einzigartige Orte mit Persönlichkeit, Stil und Schönheit. Es sind Orte, an denen Geschichten erzählt werden und neue geschrieben werden. Die Geschichten handeln von passionierten Gastgebern, kreativen Ideen und Designs, internationalen wie auch lokalen Begegnungen. Kontraste sind dabei sehr willkommen und so reichen unsere Empfehlungen von noblen Fünf-Sterne-Häusern, über cool designte Stadthotels, bis hin zu unbekannten Hide-Aways. Eine Auswahl unserer Lieblingsorte in und um München findest du auf den folgenden Seiten.

279. BEYOND BY GEISEL

ALTSTADT • *Marienplatz 22*
beyond-muc.de • *089 700 746 700*

Die passionierte Hotelier- und Gastronomen-Familie Geisel prägt die bayerische Hauptstadt vielfältig. Das kürzlich eröffnete BEYOND liegt in sagenhafter Lage mit direktem Blick auf den Marienplatz mit dem Rathaus und die Frauenkirche. Das Konzept ist einzigartig: modernes, edles Interieur und luxuriöse Zimmer. Im Zentrum befindet sich eine atemberaubende Bibliothek. Die Küche ist ebenfalls ausgezeichnet. Alternativ kann man in der offenen Küche sogar selbst kochen. Ein besonders intimes, aber auch kostspieliges Vergnügen.

280. CORTIINA HOTEL

ALTSTADT • *Ledererstraße 8*
cortiina.com • 089 2 422 490

Das Designhotel liegt in der urigen Ledererstraße. Vor der Tür finden sich traditionelle Geschäfte und kleine Gassen, direkt gegenüber die beliebte Bar Centrale
und nebenan die wunderbare Weinbar Grapes. Das alles im Herzen Münchens
zwischen Marienplatz und Hofbräuhaus. Die Zimmer begeistern mit modernem
Design: verzierte Tapeten, Samtstoffe, Naturstein und farbenfrohe Teppiche.
Das Frühstück ist sowohl für klassische als auch für exotische Vorlieben herz-
allerliebst. Für Familien ist die integrierte Küche zudem perfekt.

281. LOUIS HOTEL

ALTSTADT • *Viktualienmarkt 6*
louis-hotel.com • *089 41 119 080*

2009 eröffnete das erfolgreiche Hotelier-Duo Kull & Weinzierl dieses ästhetisch anspruchsvolle und luxuriöse Designhotel direkt am Viktualienmarkt. Wer morgens die Vorhänge aufzieht, beobachtet aus erster Reihe, wie sich der Viktualienmarkt mit Leben füllt. Das Interieur ist eine eindrucksvolle Komposition aus japanischen Materialien und westlichen Raum- und Möbelkonzepten. Das Flair in der Lobby ist mondän und international. Das sehr erfolgreiche Hotel-Restaurant Emiko wird neu erfunden: Ein exquisiter Grillroom leitet eine neue Ära ein.

282. 25 HOURS

LUDWIGSVORSTADT-ISARVORSTADT • *Bahnhofplatz 1*
25hours-hotels.com • 089 9 040 010

Das kürzlich eröffnete 25hours Berlin setzt die erfolgreiche Serie der Schwestern-
hotels fort. Hier wurde nicht nur ein Hotel erschaffen, sondern ein lebendiger
Ort, der zum Kommen und Verweilen einlädt. Anlässe dazu gibt es viele: die
plüschig schicke Boilerman Bar, das Café im Erdgeschoß mit dem Flair eines
Gartencafés und das allseits beliebte Restaurant Neni. Die Zimmer sind cool
und schick im modernen Vintage-Stil. Ein vergnüglicher Ort für Hotelgäste und
Locals gleichermaßen.

283. HOTEL OPÉRA

ALTSTADT • St.-Anna-Straße 10 • hotel-opera.de
089 2 104 940

Die Passion zur Hotellerie zeigt sich hier in dem wild romantischen, italienischen Innenhof, in dem im Sommer das Frühstück serviert wird. Der italienische Charme zeigt sich zudem in den Skulpturen, Gemälden und Möbeln des Hauses. Die eher kleinen Zimmer sind sehr individuell und reichen von der gemütlichen Stube bis zum modernen Zimmer mit Wintergarten.

284. HOTEL OLYMPIC

LUDWIGSVORSTADT-ISARVORSTADT • Hans-Sachs-Straße 4 • hotel-olympic.de • 089 231 890

Das charmante und alteingesessene Hotel Olympic liegt im glückseligen Glockenbachviertel. Der Service ist aufrichtig sympathisch, der Stil des Hauses ist natürlich elegant, die Zimmer sind einfach schön. Hier fühlt man sich rundum wohl. Im Haus werden auch immer wieder kleine, interessante Kunstaustellungen gezeigt.

285. FLUSHING MEADOWS

LUDWIGSVORSTADT-ISARVORSTADT
Fraunhoferstraße 32 • flushingmeadowshotel.com
089 55 279 170

Das Designhotel ist das junge, coole unter den Münchner Hotels. Der Eingang lässt zunächst mehr auf einen Club schließen und das passt ausgezeichnet zum Inhaber-Trio Jäger-Arnold-Werner. Die Zimmer sind individuell und modern eingerichtet und widmen sich verschiedenen Münchner Persönlichkeiten.

286. RUBY LILLY

MAXVORSTADT • *Dachauer Straße 37*
ruby-hotels.com • 089 954 570 820

Ruby Lilly ist einen Spaziergang entfernt vom Königsplatz, den Pinakotheken und somit dem Herzen der Maxvorstadt. Das Hotel ist im modernen Vintage-Schick und das Design widmet sich thematisch der Münchner Schickeria, den 70ern und dem Lokalmatador Monaco Franze. Die Zimmer sind klein und fein, die Preise dafür erfreulicherweise vergleichsweise günstig.

BOLD HOTEL

GIESING • *Aschauer Straße 12*
bold-hotels.com • 089 20 001 592 244

Die BOLD Hotels liegen etwas außerhalb, bieten dadurch allerdings einzigartig moderate Preise für das sonst sehr hochpreisige München. Der Service war bei unseren Besuchen immer sympathisch, die sind Zimmer modern und das Frühstück ist für knappe 10 Euro ausgiebig und lecker.

287. ROOMERS

SCHWANTHALERHÖHE • *Landsberger Straße 68*
roomers-munich.com • 089 4 522 020

Das sehr individuelle Fünf-Sterne-Hotel liegt im Münchner Westen. Die 280 Zimmer sind extravagant eingerichtet und reichen von klein und komfortabel bis zur luxuriösen Penthouse-Suite mit eigener Bar und dunklem Marmorbad. Der Spa-Bereich ist cool und extravagant und bietet neben Sauna und Pool auch ein Dampfbad im Hamam-Style.

288. THE CHARLES

MAXVORSTADT • *Sophienstraße 28*
roccofortehotels.com • *089 5 445 550*

Das Fünf-Sterne-Hotel Charles besticht in besonderer Weise durch herausragenden, sympathischen Service und den großzügigen Wellnessbereich. Die Zimmer sind großräumig und besitzen eine einnehmende Gemütlichkeit, sodass wir mit unseren beiden Jungs das fürstliche Frühstück direkt auf das Zimmer haben kommen lassen. Ohnehin ist das Hotel besonders geeignet für Familien. Hier wird den Kleinen besondere Aufmerksamkeit, durch zum Beispiel spezielle Pool-Zeiten und eigene Bademäntel, geschenkt.

289. SCHWABINGER WAHRHEIT

SCHWABING • Hohenzollernstraße 5
schwabinger-wahrheit.de • 089 383 810

Mit Vorfreude entdecken wir das einzigartige Konzept der 2018 eröffneten Schwabinger Wahrheit. Die Zimmer sind klein, aber der Raum ist großartig genutzt und die Funktionen sind toll integriert. Besonders schön sind die breiten Fensterbänke zum Lesen. Tanja liebt Sauna, darum verdienen die Sauna, das kleine, feine Fitnessstudio und der Hot Pool eine besondere Auszeichnung! Das Hotel ist auch super für kleine Gruppen geeignet, da es Zimmer mit sechs einzelnen Betten gibt – Jugendherberge auf cool und schick.

Hide-Aways

BLEIBE FERIENWOHNUNG
Apartment • bleibe-gesucht.de • Bad Kohlgrub

GÄSTEHAUS BERGE
Apartment • moormann-berge.de • Aschau im Chiemgau

HAIDL-MADL
Apartment • haidl-madl-ferienwohnen.de • Bischofsreut

HEIMAT 1883
Apartment • heimat1883.de • Garmisch-Partenkirchen

HOFGUT HAFNERLEITEN
Apartment • hofgut.info • Birnbach

MOOSHAM 13
Apartment • moosham13.com • Grafenau

STALLER FERIENHOF
Apartment • staller-ferienhof.de • Seeon

TURM ZU SCHLOSS SCHEDLING
Apartment • schloss-schedling.de • Trostberg

ADVENTURE CAMP SCHNITZMÜHLE
Haus • schnitzmuehle.com • Viechtach

ALPENCHALET WALCHENSEE

Haus • alpenchalet-walchensee.de • Kochel am See

GUT FEELING

Steinhaus & Holzhaus • gut-feeling.me • Oberaudorf

ALTES WALLBERGHAUS

Berghotel • wallberg-haus.de • Rottach Egern

DAS KRANZBACH

Hotel • daskranzbach.de • Krün

SCHLOSS ELMAU

Hotel • schloss-elmau.de • Elmau

TANNERHOF

Hotel • Tannerhofstraße 32 • 83735 Bayrischzell

SILBERGHAUS

Hütte • Tiroler Str. 70 • 83735 Bayrischzell

HAUS HIRT

Hotel • Kaiserhofstraße 14 • 5640 Bad Gastein • Österreich

PURADIES

Hotel • Rain 9, 5771 Leogang • Österreich

FORSTHOFGUT

Hotel • Hütten 2 • 5771 Leogang • Österreich

KRANZBACH

BERGE

HEIMAT 1883

HEIMAT 1883

KRANZBACH

HAFNERLEITEN

KRANZBACH

HAIDL-MADL

KRANZBACH

Die Muße scheint Lust, wahres Glück und seliges Leben in sich selbst zu tragen.

– Aristoteles

HOFGUT HAFNERLEITEN

„Die Details sind nicht die Details. Sie bilden das Design."

– Charles Eames

HIDE-AWAY:
Gut Feeling
Rosenweg 10a+b, 83080 Oberaudorf

„Träume, als lebtest du ewig - lebe, als stürbest du heute."

– James Dean

10. Besondere Lieblingsorte

Wo erlebt man den schönsten Sonnenuntergang von München? Was sind die schönsten Seen und die besten Orte zum Baden? Wo ist der romantischste Ort für ein Picknick? Wo findet man die schönsten Märkte? In welchen Straßen spürt man den unverwechselbaren Charakter von München am besten? Und welche Ausflüge aufs Land sind empfehlenswert? All das verraten wir hier.

„Gib jedem Tag die Chance,
der schönste deines Lebens zu werden."
– Mark Twain

SEEN + BADEN	AUSFLÜGE	PLÄTZE

Walchensee	**Tegernseer Hütte** *Berghaus 20, 83708 Kreuth*	Wiener Platz
Achensee		Gärtnerplatz
Chiemsee	**Herzogstand** *Am Tanneneck 6, 82432 Walchensee*	Nymphenburger Kanal
Deininger Weiher		St.-Anna-Platz
Starnberger See > Fischmeister Ambach *Seeuferstraße 31, 82541 Münsing*	**Pähler Schlucht** *Pfaffenwinkel*	Jüdisches Museum
	Zugspitze *Olympiastraße 27* *82467 Garmisch-Partenkirchen*	Königsplatz
Tegernsee		Röckelplatz
Ammersee > Restaurant FISCHER *Landsberger Str. 79,* *82266 Inning am Ammersee*	**Silberghaus** *Tiroler Str. 70, 83735 Bayrischzell*	Rosengarten
	Ahornboden *Risstal Landesstraße, 6215 Eng,* *Österreich*	
Osterseen	**Sylvensteinspeicher** *83661 Lenggries*	
Pilsensee	**Gut Kerschlach** *Gut Kerschlach 1, 82396 Pähl*	
Schliersee		
Naturbad Samerberg		

AUSBLICKE	LECKERBISSEN	KINOS
 |  |  |

AUSBLICKE

Salvatorgarage
Salvatorplatz 3

Olympiaberg
Spiridon-Louis-Ring 21

Bayrischer Hof
Promenadeplatz 2-6

Friedensengel
Prinzregentenstraße

Deutsches Museum
Museumsinsel 1

Café im Vorhoelzer Forum
Arcisstraße 21

Alter Peter
Rindermarkt 1

Luitpoldhügel
Brunnerstr. 2

Monopteros
Englischer Garten

LECKERBISSEN

Leberkässemmel

Weißwurst

Döner

Gugl

Schmalznudel

Schnitzel

Haxn

Brezel

Obatzter

Fischsuppe

KINOS

Lichtspiele
Lilienstraße 2

Werkstattkino
Frauenhoferstraße 9

Arena Filmtheater
Hans-Sachs-Straße 7

Monopol Kino
Schleißheimer Str. 127

Studio Isabella
Neureutherstraße 29

City Kino
Sonnenstraße 12

Sendlinger Tor
Sendlinger-Tor-Platz 11

Gloria Palast
Karlsplatz. 5

DANKE

für's Kaufen, Lesen, Sich-inspirieren-lassen, Reisen und Entdecken mit diesem Reiseführer. Er wurde mit sehr viel Feldforschung, Liebe und Freude gestaltet.

Seit 2010 haben wir es uns mit NECTAR & PULSE zur Aufgabe gemacht, die schönsten Orte dieser Welt zu finden und mit neugierigen, reiselustigen und gleich gesinnten Menschen zu teilen. Aus dieser jahrelangen Recherche und Liebe zum Reisen ist eine große Schatzkiste aus Restaurants, Cafés, Shops, Hotels, Museen, Galerien, Seen, Bars und inspirierenden Local Soulmates entstanden. All diese Schätze findest du in unseren Guides.

Auf unserer Website kann man sich zusätzlich Tipps von Local Soulmates downloaden und nach und nach produzieren wir mehr Guides gemeinsam mit der Süddeutsche Zeitung Edition. Unter anderem gibt es die Glücklich in … Reihe bereits für München, Berlin, London, Paris, Südschweden, die Toskana und Island. Bei Fragen oder Anmerkungen schreib uns gerne.

Eine erfüllte Reise wünschen

Tanja & Christian

Mehr auf
NECTAR & PULSE – nectarandpulse.com
Süddeutsche Zeitung Edition – SZ-Shop.de

Instagram
@nectarandpulse
@the.rooses

Kontakt
hello@nectarandpulse.com

Das Leben ist eine Reise.

© 2019 NECTAR & PULSE GmbH & Co KG, Berlin

Idee & Redaktion: Tanja Roos und Dr. Christian Roos
Konzept, Recherche, Text & Design: Tanja Roos und Dr. Christian Roos
Layout & Satz: detailverliebt. Ulrike Poppe, Leipzig
Weitere Texte: Kerstin Lindhuber
Lektorat: Christian Kneise

Herausgeber: Süddeutsche Zeitung Edition 2019
für die Süddeutsche Zeitung GmbH München
Projektmanager: Till Brömer und Sabine Sternagel
Karte / Infografik: Hanna Eiden, Rebecca Angerer, Anne Milachowski
Herstellung: Thekla Licht und Hermann Weixler
Druck und Bindung: optimal media GmbH, Röbel / Müritz
ISBN: 978-3-86497-506-6
1. Auflage

–

Local Soulmates:
Saskia Diez, Gottfried Wallisch, Patrik & Bele Muff, Lea Rieck,
Rahmée Wetterich, Sinah Diepold, Yasar & Susi Ceviker.

–

Fotografie, Illustration & Editing:
NECTAR & PULSE – Tanja Roos und Christian Roos
Olga Löffler · @munich.with.us · munichwithus.com

Weitere Fotos:
Conny Mirbach (30–31, 47, 152), Tonda Bardehle, Oliver Soulas (43, 140), Susanne Schramke (48–49), Sigrid Reinichs (33, 141), Fabian Frinzel (37), Attila Henning (45), Daniel Grund, Martin Penner, Celia Rogge, Antje Hanebeck, Kidkutmedia, Christian Hartmann & Ella Sinds, Jan Schünke, Lena Semmelroggen, Paul Ivic, Jörg Lehmann, Peter von Felbert, loveadesign, Christian Krinninger, Michael Dorn, Saja Seus, Thekengold, David Beger, Martin Fengel, Michael Sailstorfer, C. Zach, Gabriele Neeb, Florian Holzherr, Jorge Royan, Koopmann, Julia Schambeck, Daniel Grund, Martin Kreppel, David Kopplin, Benjamin Monn, Said Dokins, Fabian Frinzel, Marc Oeder, Ben Fuchs, Pia Clodi

Dies ist ein unabhängiger Reiseführer. Es wurden keine Bezahlungen entgegengenommen. Jeder Tipp wird ausschließlich empfohlen, weil er uns gefällt. Für Anregungen und Verbesserungsvorschläge sind wir jederzeit dankbar.

Druck und Bindung in Deutschland.

„Es gibt keinen Weg
zum Glück.
Glücklichsein ist
der Weg."

– Buddha